LA GESTIÓN DE LA CARTERA DE CLIENTES EN LAS CLÍNICAS VETERINARIAS

Año 2013

LA GESTIÓN DE LA CARTERA DE CLIENTES EN LAS CLÍNICAS VETERINARIAS

"Una gestión adecuada de la cartera de clientes le permitirá incrementar sostenidamente sus ingresos. Recordemos que el dinero entra a nuestras clínicas a través de los clientes y es ahí donde debemos concentrar gran parte de los esfuerzos"

Barrios González V.

LA GESTIÓN DE LA CARTERA DE CLIENTES EN LAS CLÍNICAS VETERINARIAS

Dirección y coordinación científica:

Vladimir Barrios González

Autor:

Lic. Veterinaria. Vladimir Barrios González

Edición realizada para:

Autónomos, propietarios, gerentes y veterinarios que trabajan o aspiran gestionar un centro veterinario ya sea un consultorio, una clínica, un hospital o alguna forma de negocio veterinario a domicilio, así como centros estéticos, peluquerías, tiendas de mascotas o complementos. Pudiera ser una herramienta útil para los iniciados o veterinarios recién graduados así como para los expertos con experiencia de gestión y consultores de centros veterinarios.

Editado y coordinado por:

Vladimir Barrios González.

E- mail: _vladimirbarrios2009@yahoo.com_
Sitio Web: _http://www.consulvet.es/_
Diseño de cubierta: _Miriam Mato Carballo_

ISBN – 10	_84-616-2813-6_
ISBN – 13	_978-84-616-2813-1_
Nº Reg.	_20139026_

Título original: "La gestión de la cartera de clientes en las clínicas veterinarias"
 Depósito Legal: **LE - 387 - 2013** León 2013
Sobre la presente edición:
Diseño y maquetación: Miriam Mato Carballo
Impresión: España 2013

Índice

Prólogo

Deseo que mis primeras palabras sean dedicadas a los profesionales, gerentes, propietarios gestores, veterinarios de consultorios, clínicas y hospitales que se ven en la responsabilidad diaria de dirigir un centro veterinario además de afrontar el servicio clínico de consultas y a su vez equilibrar su vida familiar. Ante este reto tan difícil emprendido por estas mujeres y hombres que forman un colectivo tan competente, les dedico este texto.

Es conocido el alto nivel de preparación que tienen los veterinarios en la práctica sistemática sobre todo en su perfil clínico y generalista, donde debe afrontar tanto labores de manejo animal, clínica de diversas especies, edades y patologías, así como ahondar en procedimientos de laboratorios, imagenología cirugía, cardiología, conducta animal y cuantas labores se necesiten en una clínica veterinaria.

Desgraciadamente los conocimientos sobre gestión en esta actividad clínica tan abarcadora quedan relegados a un plano secundario y existe una carencia real constatable en la falta de preparación en gestión empresarial de las clínicas veterinarias, que tiene particularidades en el sistema de dirección, solo comprendidas por los entendidos del tema.

Queremos con esta obra, hacer un aporte a la preparación integral en gestión de estos profesionales, así como aquellos graduados o emprendedores que se enfrentan a la dirección tan compleja de una clínica o forma de negocio veterinario. Este libro es parte de una colección que pretendemos hacerle llegar a usted y esperamos que sea útil y práctico.

El aplicar estos conocimientos y técnicas en la gestión de las clínicas sin duda alguna redundarán en un incremento sistemático, sostenido y ascendente de los ingresos en su centro. Por lo tanto bienvenida sea esta obra y deseando que forme parte de los contenidos de consulta sistemática para todo aquel que necesite gestionar una clínica veterinaria o cualquier forma de negocio en el sector.

El Autor

Prefacio

El motivo de esta obra se basa en la necesidad de conocimientos sobre gestión que requieren los propietarios y gerentes de clínicas veterinarias y es un reclamo frecuente el difícil acceso a literatura de calidad del tema en idioma español.

El libro está estructurado metodológicamente de tal manera que le permite al lector comprender por qué debe existir un sistema de control de la cartera de clientes y la importancia de la segmentación de la misma. Recordemos que las clínicas veterinarias se deben al cliente y este nos permitirá obtener más o menos beneficios en nuestro centro.

Seguidamente se expone la importancia de identificar por zonas y mediante un sistema de ubicación geográfico, de dónde provienen los clientes. Ello nos brindará la posibilidad de organizar las campañas directas de marketing donde existan más clientes potenciales, además de conocer cuál es el posicionamiento geográfico de los grupos de clientes en relación a la clínica nuestra y los centros periféricos.

En todos los capítulos se exponen ejemplos prácticos e indicadores medibles que nos permitirán evaluar nuestra gestión de la cartera de manera objetiva, así como medidas correctivas en los casos de desviaciones existentes. Todas estas medidas son de implementación práctica en cualquier centro o institución veterinaria que brinde servicios a clientes con mascotas o animales de compañía.

El incorporar clientes al centro de manera sistemática e intencionada debe ser parte del trabajo diario "fisiológico" de la clínica, esto tiene un coste para el centro por lo tanto se deben fidelizar en el tiempo los clientes actuales y los captados. Será necesario también que aquellos clientes captados y miembros de nuestra cartera, visiten nuestras instalaciones y consuman los servicios que prestamos de manera periódica. En el desarrollo del texto brindamos las soluciones más prácticas para incrementar ese gasto medio por clientes y a su vez incrementar los ingresos rápidamente en nuestra clínica.

La salida, el éxodo o egreso de clientes es parte de la vida cotidiana en un centro veterinario y es por ello que brindamos indicadores que permitirán autoevaluarnos, así como herramientas para atenuar o disminuir las pérdidas de clientes y potenciar la captación de los mismos.

La fidelización es parte de las acciones más importantes a realizar en un centro veterinario y pasan por una calidad óptima en el servicio, hasta corregir el más mínimo detalle con los clientes. Un plan de fidelización resulta en un sistema de trabajo y no en una herramienta puntual. En el texto exponemos como implementar este sistema.

Debo finalizar esta presentación expresando mi agradecimiento al amigo Dr. Osvaldo Verrier Cardoso, especialista y consultor, quien ha sido más que un autor en la realización de este texto, ya que su contribución estriba en los conocimientos que difunde y al cual le debo gran parte de lo que he aprendido y escrito.

Además expresarles mis agradecimientos al editor y a todas las personas que han contribuido desinteresadamente a difundir esta obra.

V. Barrios González

Capítulo 1.

Sistemas de control de la cartera de clientes

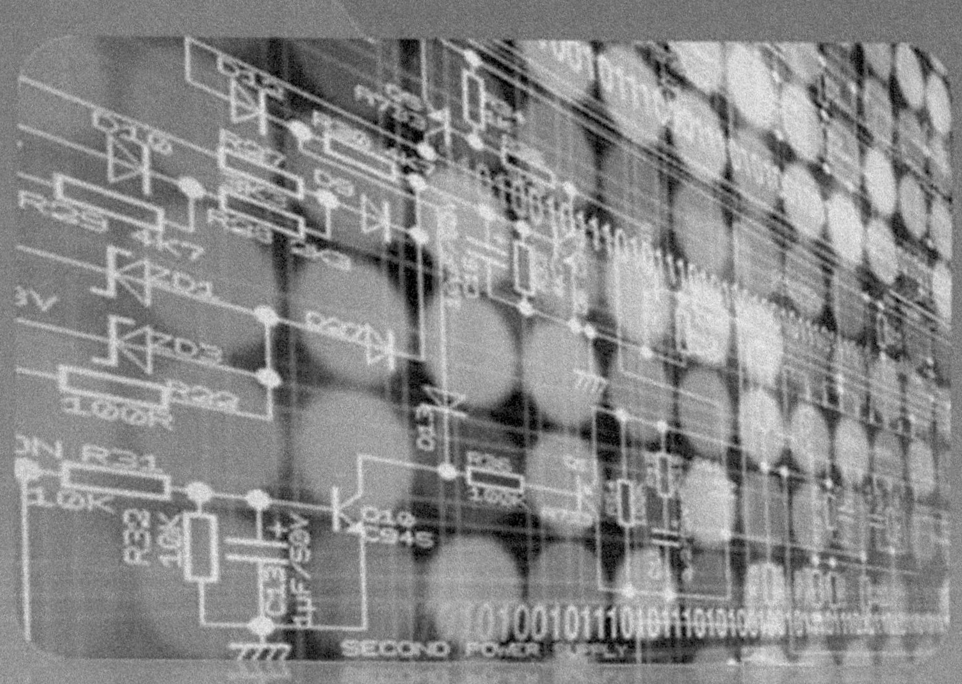

Sin duda alguna, la cartera de clientes es el activo externo más importante en un centro veterinario y los recursos humanos son el activo interno más valioso. En conjunto, su interacción permitirá que la clínica genere beneficios sostenidos en el tiempo. Desgraciadamente no todos los propietarios o gerentes de centros veterinarios invierten suficiente tiempo y dinero en su gestión.

¿Cómo hacer, actualizar, mantener y proteger la cartera de clientes?

Para ello existen innumerables programas informáticos en el mercado que nos permiten llevar la información apropiadamente y para los más reacios a la tecnología, existen tarjeteros físicos "fichas" donde se registran los datos individuales y colectivos.

El programa informático (software): es empleado para la digitalización de la cartera de clientes y tiene como ventajas, que nos permite almacenar sencillamente la información y procesarla muy rápido, segmentar y graficar cada caso deseado, realizar campañas con grupos de clientes a través de mailing automatizados y evaluar lo sucedido en tiempo real. Todo esto nos hace más competitivos a la hora de tomar acciones y decisiones. Además podemos consultar la información desde un soporte digital remoto sin necesidad de estar en el centro. Su desventaja radica en adquirir y mantener los software que son relativamente caros en comparación con el tarjetero físico (fichas), además los medios informáticos deben estar interconectados entre sí (red de trabajo), deben dominarse y tener cierta destreza con la tecnología de cara al cliente ya que esto pudiera ser una barrera a la hora de enfrentarse al trabajo de actualización o procesamiento. La información deberá estar siempre duplicada en un disco duro externo o almacenada en un servidor remoto con el riesgo que pudiera presuponer para la privacidad del centro.

En la red existen múltiples programas informáticos de fácil adquisición que tienen sus ventajas y desventajas pero en su conjunto, son muy eficientes y completos, ya que permiten un almacenamiento óptimo de la información.

Los tarjeteros físicos (fichas de clientes): su ventaja radica en ser manuables a la hora de interactuar con el cliente y son relativamente económicos. Como desventajas encontramos que será necesario dedicar tiempo a trascribir los datos y actualizarlos, se deterioran con facilidad, son medios obsoletos e ineficaces de almacenamiento de información, ocupan mucho espacio físico, son de fácil sustracción y no permiten tener una visión global o segmentada de lo que sucede en el centro.

¿Cuánto invertimos en tiempo y dinero para su organización y evaluación?

Para cualquier centro veterinario que se respete o aspire a incrementar sus ingresos, el primer paso será organizar toda su información. Dentro de esta tarea básica se hace necesario, objetivo y urgente realizar una actualización de la cartera de clientes. Dicha actualización no pueden ser un evento puntual fruto de un impulso eventual, sino como parte del sistema de trabajo del centro y de ser posible se realizará diariamente con la llegada de cada cliente a consulta, tienda y/o peluquería. Será imprescindible al menos una vez cada 15 días, tener un extracto estadístico del comportamiento de la misma que nos permita: evaluar la actividad, la frecuencia, los gastos por cliente, el grado de cumplimiento ante campañas, tratamientos, esquemas vacunales, los clientes vips, los inactivos, las bajas y altas nuevas en general. Ello será un resumen práctico “una fotografía” que nos mostrará la situación real de la clínica a través de nuestra cartera de clientes. Será necesario resguardar con sumo cuidado toda la información contenida en la cartera, debido a que son datos privados que tenemos la obligación de proteger.

Para los iniciados en la organización de la cartera

Recomendamos que no se asusten por la escasez de información, hay que comprender que el proceso de "construcción" de nuestra cartera de clientes requiere tiempo en la recopilación de los datos y debe formar parte de la cultura de todos los empleados. El primer paso será informar y preparar de esta labor a todos los trabajadores que estén vinculados con ella directamente (recepcionista, veterinarios y vendedores en tiendas entre otros). Desde el primer instante que se decida comenzar a confeccionar la cartera, deben registrarse los datos de todos los clientes que entren al centro. Como una estrategia inteligente podemos configurar nuestro programa de gestión para que no acepte ningún dato hasta que no se efectúe el alta del cliente nuevo (o la actualización del antiguo) y así obligamos a que se cumplimente el formulario como primer requisito de acceso al servicio. Ello debe manejarse con el debido cuidado y agilidad, a su vez debemos transmitirle al cliente la importancia que tiene realizar esta alta para el acceso a las historias clínicas de su mascota y poder establecer un contacto periódico con él.

Para aquellas carteras incompletas, no fiables o desactualizadas existen técnicas para su resolución, todas con un protocolo de comunicación y preparación previa del personal:

- Contacto directo cliente por cliente que visiten el centro.
- Contacto directo vía telefónica con los clientes dados de alta.
- Formularios de contacto vía web a cambio de libros electrónicos u otros obsequios atractivos.

- Cartas a los clientes para que se personen en el centro.

En todas las opciones, ya sea la elaboración o actualización de la cartera, se invierte dinero y tiempo, por lo que no debemos desaprovechar cada uno de los contactos con el cliente. Un primer contacto inicial (captación) solo nos permitirá rellenar datos básicos y generales de comunicación, pero a medida que la relación de confianza sea mayor con el centro, dispondremos de más datos personales y delicados (gustos, vocaciones entre otros) que podemos utilizar a favor de la satisfacción de los clientes.

En cuanto a la desactualización de la cartera, se acepta como máximo un 20%, siendo ya este porcentaje muy elevado, recordemos que no disponer de un registro adecuado del cliente significa primero, la pérdida económica de la inversión realizada para su construcción y en segundo lugar, el coste relacionado con los impactos publicitarios fallidos, además esta información irreal nos conlleva a cometer errores en el procesamiento de los indicadores del centro y pudiera generar la sensación de disponer de una cartera amplia, cuando realmente no contamos con dichos clientes.

Para las clínicas medias, el coste de captación de un cliente oscila entre 15,00 y 60,00 € por campaña y aquellos centros veterinarios grandes como hospitales y clínicas especializadas, que cuentan con una mayor inversión en el proceso, puede llegar a costarles desde 60,00 a 120,00 € por campaña y cliente (software + marketing + soporte tecnológico + tiempo + algunos costes fijos imputados al proceso).

Entonces, la primera partida de pérdidas por desactualización será la relativa al **coste de captación**. Si tomamos como ejemplo una cartera de 1.000 clientes que esté desactualizada un 20%, las pérdidas oscilarían desde 3.000 a 24.000 €, ¿qué clínica u hospital veterinario puede permitirse este lujo?

Adicionalmente, pensemos que en cada campaña de comunicación que realizamos estamos desperdiciando el **coste del impacto.** Imaginémonos que trimestralmente solo enviamos un dossier publicitario o un folleto, informando de nuestros productos y servicios a los clientes de nuestra cartera cuyo coste es de 2,00 € (coste del diseño, impresión y distribución), si tenemos en cuenta el 20% de desactualización, significaría que estamos enviando a la basura directamente 200 impactos por cada envío, a finales de año serían unos 800 impactos que a 2,00 € supondrían 1600 € adicionales, a los que deberíamos añadir el **coste de oportunidad,** ya que si los impactos llegaran al cliente correcto, tendríamos la oportunidad de realizar la transacción económica.

Si esta publicidad concebida en la campaña, estuviera muy bien diseñada tendría un índice de respuesta mínimo del 3% o más por campaña, para este ejemplo asumiremos un índice de respuesta medio del 2%, por otro lado tomamos como una transacción media en clínicas el coste de consulta multiplicado por dos (25 x 2 = 50,00 €), entonces el coste de oportunidad de los ingresos dejados de percibir, por desactualización a lo largo del año, serían de 800,00 € (resultantes del 2% de los 800 impactos perdidos de 50,00 € cada uno).

Resumiendo:

- Coste de captación: 3.000 €
- Coste del impacto: 1.600 €
- Coste de oportunidad: 800,00 €
- Total: 5.400 € de coste mínimo.

En una cartera de 1.000 clientes con un 20% de desactualización. El coste por cliente desactualizado sería no menos de 27,00 € / cliente.

Si estas cifras son contrastadas a las reales de nuestro centro, el número sería verdaderamente alarmante. ¡Le invito a que haga sus propios cálculos, solo le llevará 5 minutos!

Expuesto esto, resulta interesante reflexionar sobre el hecho de que algunos centros veterinarios hacen grandes esfuerzos en la confección de su cartera de clientes, construir la base de datos, adquirir un software de gestión, pagar un mantenimiento, destinar personal y recursos para su recopilación, sin embargo no realizan un mínimo esfuerzo para actualizarla. Es realmente frustrante ver como se pierde el sacrificio económico, teniendo en cuenta que el mantenimiento de una base de datos, además de no ser caro, si se realizara de forma continua y sistemática, sería probablemente una de las inversiones más rentables que pudiera hacer la clínica. Les explico a través del ejemplo anterior:

Una clínica veterinaria con 1.000 clientes, partiendo del supuesto de que ya tiene una rutina en la actualización de la cartera y un protocolo implementado para rellenar los datos, su período de desactualización oscila de 12 a 15 meses y ello es consecuencia de que existe un porcentaje de clientes inactivos, que no asisten al centro (25 - 50%), esto nos permitirá un margen de 12 meses para "depurar" la base de datos completa.

Asumiendo que a los clientes cuando visitan nuestro centro, se les pregunte si tienen algún cambio relativo a sus datos personales o de contacto, podemos predecir que el 50% o más de nuestra cartera está debidamente registrada, con lo cual el 50% restante (500 clientes) debemos actualizarlos, comenzando por los inactivos y en un plazo de **12 meses** (240 - 270 días laborables). Ello nos permitirá contactar y actualizar aproximadamente unos 1,8 ≈ **2 clientes / día por cada 1.000** clientes en cartera.

Suponiendo que no hacemos ninguna acción especial para la actualización y únicamente empleamos el teléfono para comunicarnos con nuestros clientes, podríamos además con esto dinamizar o activar a clientes adormecidos. De esta manera la actualización puede ser un proceso enormemente rentable en sí mismo. Entonces les pregunto... ¿por qué además de pensar en captar clientes no comenzamos a actualizarlos?

¿Qué información se registrará en la cartera de clientes?

Cada programa informático viene con diferentes secciones previas a rellenar sobre todo: datos de los clientes, las mascotas y elementos para su localización. No debemos permitir que aquellos clientes que asisten a consulta por primera vez, o luego de ser reactivados y/o rescatados (excepto en urgencias), pasen directamente a la consulta sin haber rellenado todo sus datos en nuestro sistema de control.

Para aquellos clientes que disfruten de un servicio como la peluquería una vez culminada o antes de efectuada esta, se les rellenarán sus datos personales. Para los clientes que asisten a la tienda, sería muy útil utilizar varias estrategias, debido a que no es factible rellenar demasiados datos personales cuando los clientes esperan en una cola. Se pueden ofrecer formularios en papel y en un segundo momento se terminan de rellenar la totalidad de los datos (pero siempre se registrará el nombre, tipo de mascota y raza). En todos los casos se le debe solicitar la autorización al cliente para almacenar sus datos personales bajo las leyes vigentes de protección de datos hasta la fecha.

También se le pudiera ofrecer al cliente la posibilidad de vincularse a nuestro fichero para que disfrute de ofertas a medida y según las necesidades de su mascota. A pesar de existir muchos detractores, los programas de puntos y tarjetas de fidelización por consumo sistemático, suelen ser ideales en estos casos ya que el cliente puede disponer de un código (número de cliente) y cada vez que compre algo en nuestras instalaciones quedaría registrado. Esa información generada, suple con creces los gastos incurridos en cada tarjeta y más adelante fundamentaremos el por qué de esta afirmación.

A continuación mencionaremos los datos básicos a registrar en lo referente al cliente:

- Nombre y apellidos de los propietarios
- Teléfono fijo y móvil
- Correo electrónico
- Dirección particular

Datos básicos a registrar en lo referente a las mascotas:

- Nombre de la mascota
- Microchip y/o tatuajes
- Especie y Raza
- Edad y Sexo
- Impresión nasal ("huella dactilar de la mascota")
- Características útiles:
    - ➲ Tipo de pelaje
    - ➲ Peso corporal
- Todos estos datos deben estar vinculados a la historia clínica de la mascota donde se registrará información clave de procedimientos,

vacunaciones y enfermedades de las cuales podemos extraer muchísimos datos importantes para acciones de marketing futuras.

Será necesario obtener el consentimiento del cliente para enviarle información relacionada con la salud y productos en función del beneficio de su mascota, para ello es decisivo el personal a cargo de esta labor y su preparación. Debemos con mucho tacto evitar transmitir la impresión de invadir la privacidad de los propietarios - clientes.

"El éxito no se logra sólo con cualidades especiales. Es sobre todo un trabajo de constancia, de método y de organización"

Jean Pierre Sergent

RESUMEN

En este capítulo, expusimos la importancia de aprender a actualizar, mantener y proteger la cartera de clientes. Mencionamos el valor, ventajas y desventajas de los programas informáticos (software) y los tarjeteros físicos, quedando patentada la superioridad de la tecnología informática para el procesamiento de los datos de la clientela del centro. Determinamos el coste de captación, impacto y oportunidad de un cliente tipo en un centro veterinario y por último mencionamos algunos datos básicos que se registrarán en la cartera de clientes.

Capítulo 2.

La segmentación de la cartera de clientes

Una vez organizada y actualizada la cartera de clientes, en el supuesto caso de no procesar toda la información contenida en esta, el programa informático, gasto de tiempo o recursos destinados a su control y cuidado, no cumplirían ninguna función objetiva, por lo que dicha labor es tan o más importante que la propia actualización y solo la puede hacer un veterinario o gestor entendido en la materia.

Los centros veterinarios en la actualidad tienen muchísima información vital y estratégica de los clientes, sin embargo desaprovechan esta oportunidad de información al realizar campañas infructuosas, ofreciendo productos alejados de las necesidades reales de los clientes.

Recordemos que las personas son “bombardeadas” literalmente con cientos de impresiones visuales y sonoras publicitarias en 24h, y nuestro cerebro discrimina lo importante de lo banal e intrascendente. Debemos lograr centrarnos en las necesidades del cliente ya sean conocidas por él o no.

En el caso de existir desconocimiento por parte del cliente de su necesidad real, los esfuerzos publicitarios de nuestro centro deberán estar acompañados de educación y conocimientos hacia el mismo.

¿Cómo organizar la cartera de clientes para su interpretación?

La agrupación organizada de los clientes y sus mascotas (pacientes) de manera general, específica y por factores de asociación nos brinda información diferente, pormenorizada y fundamental para la toma de decisiones estratégicas, organizativas y de marketing en un negocio veterinario.

1. ***Organización básica y general de las mascotas:***

Las mascotas se agruparán por sus datos básicos que deben incluir al menos: la cantidad en cartera, especie, sexo y razas. Ello permitirá conocer dónde están las mayores poblaciones de pacientes y sobre qué grupos fundamentales de clientes se sustenta la facturación del centro, permite apreciar el crecimiento de la población de nuevas mascotas captadas y las variaciones en las tendencias de crianzas de los propietarios sobre las mismas.

Por ejemplo, a continuación mostramos en la tabla una clínica veterinaria mediana con una cartera de clientes de 3.182 mascotas, donde se han dado de alta y cuentan con una historia clínica asociada, un total de 2.382 (quitando los hámsteres).

Tabla # 1 Agrupación general de las mascotas en la cartera de clientes.

DATOS GENERALES	ESPECIES					
TIPOS DE MASCOTAS	PERROS	GATOS	HURONES	HAMSTER	OTROS	TOTAL
TOTAL	1.068	2.000	30	800	4	3.182
HEMBRAS	215	1.750	2	100	2	1.854
MACHOS	853	250	28	700	2	1.833
TOTAL DE RAZAS	78	18	3	4	4	-

Generalmente los datos de los clientes están tabulados y de no ser así, es muy práctico hacerlo con programas informáticos de cómodo acceso como puede ser el Microsoft Excel u otro disponible. Recordemos que las tablas esconden mucha información y exhortamos que estos grupos de datos se grafiquen para una interpretación más objetiva y adecuada. Los programas informáticos de gestión nos ofertan esta posibilidad en sus aplicaciones. A continuación observaremos cómo se consigue abundante información con estos cuatros datos muy asequibles a cualquier clínica (total de mascotas y especies, media general de razas y sexo), como podemos ver en el siguiente gráfico:

Gráfico # 1 Agrupación general de las mascotas en la cartera de clientes

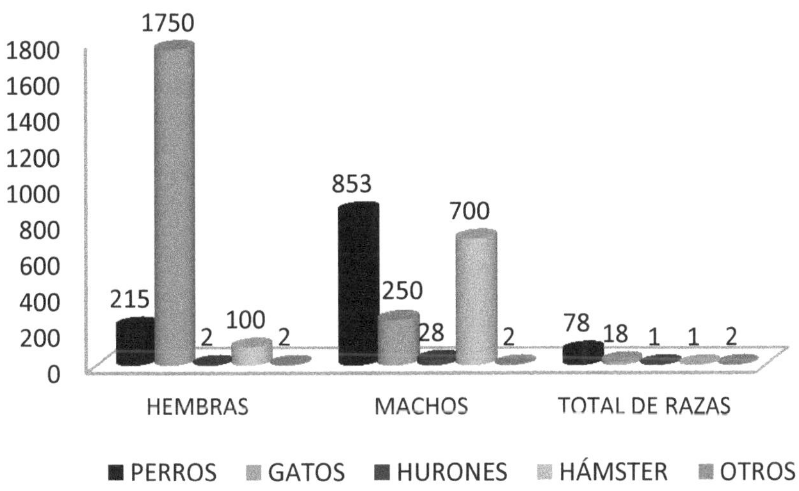

En esta gráfica se muestra a simple vista que existen más gatos que perros, o que la especie mayoritaria es el gato (1.800) en segundo lugar el perro (1.068) y por último el hámster (800) como mascotas. Debemos agregar que los gatos aunque estén como especie mayoritaria ello no quiere decir que sean la **especie básica del centro**, entendiéndose por esta última aquellas mascotas que generan el 80% (la mayoría) de los ingresos del centro. En este ejemplo predominan los perros como mascota básica.

Esta información nos indica que nuestra clínica debe estar concebida en sus áreas o consultas para atender a estas especies con características conductuales tan diferentes. Además podemos ver que existe un número importante de gatas y ello nos informa de antemano, que contamos con un potencial de hembras para esterilizar o atenderle su estado reproductivo. Observemos que el número de perros es también importante y agregamos como información adicional (no está en el gráfico) que la cifra de hámster se concentra únicamente en tres clientes "criadores", a los cuales debemos particularizarle las ofertas de servicio dado a que es una especie totalmente atípica en el centro y su volumen facturable no es representativo.

Las razas existentes (78 de perros, 18 de gatos, 4 de hurón, 4 de hámster y una de otros (canarios) nos llevan a especializarnos en estos reducidos grupos de razas / especies para poder ofertar un mejor servicio al cliente en este sentido.

Como podemos apreciar, ya tenemos cierta información básica muy importante, la cual se enriquecería si la complementáramos con datos financieros, pero debemos saber que aún es limitada e insuficiente y se hace necesario profundizar más al respecto. De manera resumida podemos decir que la organización básica de las mascotas tiene como objetivos:

1. Permitir una visión ampliada de la cartera de clientes.
2. Cuantificar el total de animales así como la diversidad de razas y especies.
3. Definir cuál es la mascota básica, valorar sus potencialidades, contrastar mi cartera de clientes y servicios con nuestra estrategia competitiva.
4. Determinar la relación veterinario / mascota o veterinario / mascota básica, e implementar medidas generales para regular la rentabilidad.
5. Vincular estos datos con indicadores económicos y determinar la facturación media (ticket) por grupos de mascotas o especies.
6. Establecer proporciones y porcientos de grupos o datos que nos permitirán realizar predicciones estadísticas.

7. Orientar qué poblaciones animales son bajas, cuáles crecen así como estudiar las causas, para a su vez ofertar nuevos servicios basados en las necesidades.
8. Relacionar ingresos por especies o raza e inclusive zonas geográficas.
9. Cuantificar y gestionar la demografía de los pacientes (edad promedio o porcentaje de grupos de edades entre otros).

En su conjunto permite saber, a qué población de animales nos enfrentamos en el presente y en el futuro inmediato así como realizar acciones acordes a nuestra estrategia competitiva como centro de servicios.

2. *Organización específica de las mascotas*

La organización específica no es más que una profundización en los datos generales de los clientes, esta nos permite una segmentación puntualizada de las mascotas y sus cuantías ya sea por: cantidad de razas, sexo, edades, pesos, tipos de pelajes, color y a su vez cada especie en sí por: grupos de riesgo como obesos, bajos de peso, diabéticos, braquicéfalos, predisposición genética a tumoraciones, alergias, trastornos dermatológicos y tipo de conducta entre otros.

Esta agrupación, nos permitirá segmentar cuantos factores de interés deseemos contabilizar, con el objetivo de permitir una visión pormenorizada de nuestros grupos de clientes y a su vez vincular estos a los indicadores económicos del centro para implementar medidas y campañas a segmentos específicos de clientes dianas, lo que denominamos en marketing hacia un público objetivo o cliente diana efectivo.

Esta segmentación y el conjunto de medidas asociadas que se deben instaurar tras el procesamiento de tan valiosa información, estimularía el consumo de nuestros servicios, con el consiguiente aumento de los ingresos. En la siguiente tabla y gráfica se ejemplifica una muestra de la cartera, siguiendo el mismo ejemplo de los clientes graficados en el acápite anterior, pero profundizando en datos más específicos en lo referente a los gatos que eran la especie mayoritaria:

Tabla # 2 Agrupación específica de las mascotas en la cartera de clientes

DATOS ESPECÍFICOS	GATOS						
EDADES	0-3 (meses)	4-6 (meses)	0,5-2 años	3-5 años	6-8 años	>9 años	TOTAL
TOTAL	863	375	309	36	34	383	2.000
HEMBRAS	800	321	300	25	20	284	1.750
MACHOS	63	54	9	11	14	99	250
RAZAS DIFERENTES	5	6	10	5	2	1	18

Gráfico # 2 Agrupación específica de las mascotas en la cartera de clientes

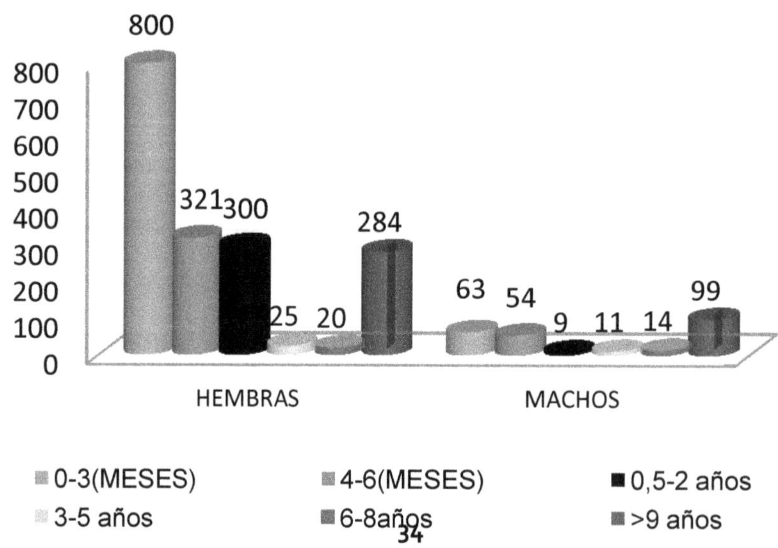

En este ejemplo se puede observar que la esterilización no será la prioridad del momento en las 800 hembras de 0 - 3 meses de edad (crías lactantes), ya que este grupo está en las fases iniciales de crecimiento, por lo que debemos concentrar nuestros esfuerzos promocionales en estas crías y enfatizar la necesidad de vincularse a planes de salud, planes de vacunación, desparasitación así como otros servicios relacionados con las patologías que más afectan dicha edad o grupos de riesgos, como es el caso de los 383 gatos adultos o seniles que requerirán un plan de salud adecuado a las patologías frecuentes con la edad avanzada (obesidad, trastornos digestivos olfativos u oftalmológicos entre otros) o simplemente un seguimiento distinto al resto de las mascotas.

Se aprecia que de 4 - 6 meses de edad (375 mascotas) y de 6 meses a 2 años de edad (309 mascotas) existe un volumen considerable de mascota para esterilizar o reproducir, en ambos casos debemos orientar a los propietarios y ofertarles lo que realmente necesitan. Durante estas edades se pueden realizar excelentes planes de inmunización, prevención e integrar al propietario con el centro a través de un servicio sistematizado

Para cada uno de estos grupos mayoritarios debemos preparar productos a la medida e ir brindándoles la información de calidad necesaria, ello les permitirá gradualmente cultivar sus conocimientos sobre los potenciales peligros y así podrán disfrutar y valorar cada uno de los servicios que le ofrezcamos. Recordemos que las campañas publicitarias o acciones de ventas mientras más específicas y dirigidas a clientes objetivos, mayor será su efectividad.

3. *Organización de las mascotas por factores de asociación.*

La agrupación por factores de asociación no es más que la acción de vincular grupos de riesgos asociados o interrelacionados entre sí.

Existen diversas asociaciones, muy conocidas y otras totalmente desconocidas, en estos casos es preferible (excepto que se trate de alguna investigación), trabajar con asociaciones realmente publicadas y reconocidas por la comunidad científica internacional. Como por ejemplo, obesidad - dieta - hábitos de vida - edad o tal es el caso de obesidad - especie - raza - sexo - edad o en la presentación de trastornos dermatológicos - raza - dieta - factores ambientales o zonas, por lo que sugerimos trabajar con factores realmente conocidos y teniendo en cuenta las principales incidencias y patologías que vemos en la práctica clínica diaria (ej. diabetes, trastornos cardiológicos, gastritis, vómitos diarreas y alergias entre otros).

Esto será una labor crítica de trabajo y se recomienda asesoramiento especializado. A continuación mostramos un ejemplo real de una clínica tipo:

Figura # 1 Agrupación de mascotas por factores de asociación de edad, época del año, especie, tipo de pelaje y trastornos dermatológicos.

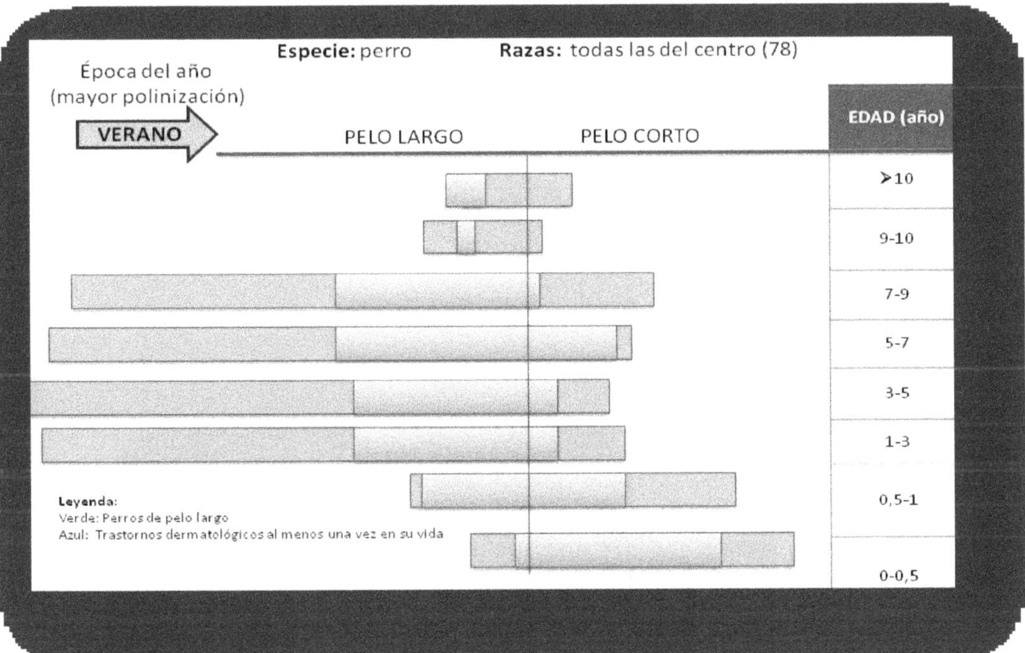

Podemos apreciar en este ejemplo ilustrativo que disponemos de un volumen elevado de mascotas comprendidas en las edades de 1 - 9 años que son de pelaje largo y que padecen mayoritariamente trastornos dermatológicos en veranos (período de mayor polinización). Paradojicamente en las edades comprendidas 0,5 - 1 año adolecen estas patologías más frecuentemente los perros con pelaje corto.

El disponer de estos datos organizados, asociarlos y realizar una evaluación objetiva nos permitirá poner en conocimiento de ello a los clientes y ofertarles productos (champúes, baños, tratamientos profiácticos, preventivos, paleativos o curativos entre otros) a la medida de sus necesidades reales y a su vez, ser mucho más éticos en nuestros objetivos de marketing.

La segmentación no ha de convertirse, en ningún caso, en una herramienta de discriminación, por el contrario, ha de ser una visión objetiva y atendiendo a las condiciones comerciales prefijadas que determinen el cuándo y con qué tipología de cliente se ha de establecer esta diferenciación.

En la siguiente figura queremos mostrar algunos ejemplos prácticos de aspectos por los cuales se puede segmentar a las mascotas y en algunos casos pudieran asociarse previo análisis.

Figura # 2 Algunos ejemplos prácticos de segmentación de la cartera según las necesidades reales o creadas al cliente.

Adicionalmente a toda esta información, pudiéramos crear y disponer de una clasificación socio demográfica de los propietarios con el objetivo de tener una visión pormenorizada de nuestros grupos de clientes / pacientes, ello nos permitirá, conocer la zonas de influencias de nuestra clínica, tener un criterio aproximado del nivel de vida por zona, propietarios o grupos de mascotas, evaluar económicamente las fichas individuales y plantearnos acciones para diferenciar la atención en los clientes más rentables e incrementar los ingresos de los clientes que menos aportan.

Tabla # 3 Agrupación de los clientes según sus datos personales y las zonas de residencia.

Cliente	Sexo	Trabaja	Edad	Mascota	Zona *	Instrucción	Profesión	Nivel de vida
1	M	Si	25	Perro	4	Universitario	Médico	Alto
2	F	No	30	Gato	1	Eso	Autónomo	Alto
3	F	No	38	Gato	2	Eso	Desempleado	Bajo
4	F	Jubilado	70	Gato	2	Eso	Desconocida	Bajo
5	F	Jubilado	67	Perros	3	Eso	Desconocida	Alto
….n								

Leyenda:

*Zona de influencia o radio de acción

1. Halo de influencia natural
2. Áreas subperiféricas
3. Áreas periférica
4. Áreas distantes

En los próximos capítulos profundizaremos sobre la clasificación demográfica de los clientes y su importancia estratégica cuando los vinculamos con su ubicación geográfica y algunos indicadores económicos y/o de consumo.

Por último debemos puntualizar que la segmentación está en plena armonía con la organización. El poder segmentar creativamente y sobre la base de las necesidades reales o adquiridas de los clientes – mascotas (pacientes), permitirá diseñar objetivos publicitarios efectivos y certeros. Debemos aprender a pensar como clientes y a la vez preguntarnos ¿Cómo ser más éticos en el marketing que hacemos?

"Es algo complicado, es difícil diseñar productos centrándose en el público objetivo. Muchas veces, la gente no sabe lo que quiere hasta que se lo enseñas"

Steven Jobs

RESUMEN

En este capítulo hemos explicado detalladamente cómo organizar la cartera de clientes para poder interpretarla y extraerle el mayor partido en beneficio del centro en función de los servicios a ofertar. Además agrupamos los clientes según los criterios de:

1. *Organización básica y general de las mascotas*
2. *Organización especifica de las mascotas*
3. *Organización de las mascotas por factores de asociación*

Por último expusimos algunos ejemplos prácticos de segmentación de la cartera y una muestra de cómo deberíamos clasificar socio demográficamente a los propietarios.

CAPÍTULO 3.

LOCALIZACIÓN GEOGRÁFICA Y POR ZONAS DE INFLUENCIA DE LOS CLIENTES

Es paradójico el esfuerzo que realizan los centros veterinarios por captar clientes, sin embargo no tienen una idea real de dónde provienen estos anualmente. Háganse esta pregunta ustedes mismos y por deducción se imaginarán que provienen de las áreas periféricas a la clínica, consultorio o el propio hospital, y no siempre es así, en ocasiones nuestros clientes provienen de áreas alejadas o entornos que ni imaginamos.

Unido a ello en ocasiones se consumen cuantiosos recursos publicitarios (cartas, plegables o anuncios radiales entre otros) y esfuerzos de distribución, en zonas donde apenas tendremos el éxito requerido debido a que son áreas extremadamente saturadas de centros y descuidamos lugares prácticamente vírgenes para publicitar nuestra clínica. Se hace necesario plantearse con urgencia, una estrategia acertada de posicionamiento físico del centro y sobre sus zonas de influencia:

Halo de influencia natural y radio de acción de un centro veterinario.

El ***halo de influencia natural (HIN)*** es toda aquella área alrededor de nuestra clínica de donde provienen los clientes, mayoritariamente por su cercanía y se debe en gran parte por la visibilidad física que ofrezcamos. Este HIN puede extenderse o literalmente expandirse por diferentes técnicas o estrategias de marketing que incrementan la visibilidad externa y fortalecen el posicionamiento físico del centro. Hoy día es el terreno menos aprovechado por la mayoría de los centros veterinarios establecidos, siendo el espacio de trabajo que más debemos utilizar en función de nuestra publicidad. Podemos definirlo como el área radial que concentra más del 80% de nuestra clientela en cartera. Consideramos que debe ser el centro de las captaciones de nuestros clientes, siempre y cuando no estemos proyectando una expansión futura de nuestra clínica, que en ese caso requeriría una estrategia diferente.

El ***radio de acción (RA)*** de nuestro centro veterinario es la sumatoria de todas las áreas que contengan clientes y está constituido por: el halo de influencia natural, áreas subperiféricas, periféricas y áreas distantes.

El HIN y el RA en su conjunto, con el espacio físico que ocupan (m^2), estará determinado fundamentalmente por el tipo de centro, sus dimensiones físicas, características estructurales - constructivas, entorno, capacidad de atención, proporción de centros con servicios similares por habitantes, área o población donde este enclavado y sobre todo por su estrategia de servicios a ofertar, por ejemplo:

El RA de un consultorio veterinario situado en una gran urbe con múltiples consultorios en la periferia, un servicio generalista basado en la prevención, tendrá un radio bastante demarcado en un barrio, vecindario o distrito o grupos de barrios en concreto no sobrepasando más de 600-800 metros. Sin embrago, el mismo consultorio, en una población rural con 8.000 – 10.000 habitantes, sin demasiada presión competitiva (índice de centros veterinario / habitantes) es capaz de abarcar toda la población que le rodea a pesar de no cubrir todas las necesidades de los clientes.

El RA de una clínica veterinaria situada en una ciudad grande con un servicio generalista, ubicada en una calle periférica o una urbanización sin afluencias de personas no podrá tener el mismo radio de acción que un centro con características similares situado en el centro de la ciudad, sin embargo si esta clínica es capaz de ofrecer estratégicamente un servicio único (especializado), personalizado y ajustado a las necesidades de los clientes es muy probable que su área de acción sea más abarcadora.

El RA de un hospital veterinario situado en una ciudad, pero que oferta un servicio único y especializado, diseñado no para clientes directos con mascotas, sino para que los centros veterinarios remitan sus casos y puedan externalizar aquellos servicio altamente especializados (ej. oftalmología, imagenología, ortopedia y/o cardiología entre otros), tendrá su área de influencia probablemente en toda la ciudad, varias ciudades y regiones geográficas e inclusive uno o varios países si es un centro de referencia internacional.

El ***área subperiférica:*** es todo aquello que delimita con el halo de influencia natural y se concentra al menos del 10 - 15% de los clientes en cartera. Mientras que las ***áreas periféricas*** están constituidas por aquellas zonas enclavadas en el perímetro con no más del 2 - 5% de los clientes en cartera. A menudo se hace indiferenciable al área subperiférica. Las ***áreas distantes*** podemos resumirlas como todas aquella zonas que tienen clientes ocasionales y que no representan más del 1% de nuestra clientela habitual.

Expuesto esto se hace necesario antes que nada definir ¿cuál es el radio de acción de mi clínica y cuál será el halo de influencia natural de mi centro veterinario?

A continuación mostramos un esquema (figura # 3) que nos ilustra las diferentes áreas de influencias y la distancia (tabla # 4) aproximada que pudiera tener nuestro centro veterinario y que serán el objetivo de evaluación para ser publicitadas en función de la estrategia de captación de clientes para nuestra clínica.

Figura # 3 Radio de acción de un centro veterinario según su influencia en el territorio.

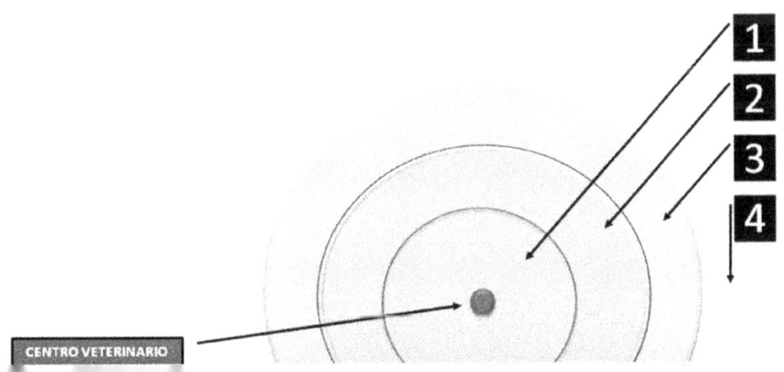

Tabla # 4 Estimación del radio de acción de un centro veterinario según su tipo y grado de influencia en las diferentes áreas.

TIPOS DE CENTROS	RADIO DE ACCIÓN (METROS)			
	1	2	3	4
Consultorios	300-800	800-1.000	1.000-1.500	>1.500
Clínicas pequeñas	300-800	800-1.000	1.000-1.500	>1.500
Clínicas medianas	500-1.000	1.000-2.000	2.000-2.500	>2.500
Clínica grandes / Hospitales Clínicos	10-15km	15km - toda la ciudad	Pueblos periféricos	Pueblos distantes
Hospitales especializados con servicios de referencia	10-15km	Varias comunidades autónomas		

LEYENDA

1. **Halo de influencia natural**
2. **Área de subperiférica**
3. **Áreas periférica**
4. **Áreas distantes**

Mapificación y Zonificación de los clientes del centro

Una vez conocido todo lo relacionado con el RA, deberemos plasmar en un mapa, donde esté la clínica como eje de atención, la ubicación geográfica de los clientes del centro así como la posición de los centros periféricos restantes (clínicas, peluquerías o tiendas de alimentos entre otros) y cuanto establecimiento exista que ofrezca servicios similares o iguales al nuestro. De esta manera podemos constatar In sltu el grado de presión competitiva, y a su vez delimitar las diferentes zonas que evaluaremos.

En la red están disponibles múltiples programas informáticos extremadamente útiles y desgraciadamente en el sector veterinario apenas se emplean. Las nuevas tecnologías abren paso cada vez más a la localización física de los clientes. La mapificación no es más que un proceso de geocodificación para delimitar dónde están residiendo físicamente los clientes de mi centro y en qué lugar se encuentra el mayor potencial de captación.

Estos sistemas se basan en datos primarios a los cuales se les asigna coordenadas de latitud y longitud basadas en direcciones de calles, códigos postales o demarcaciones administrativas, lo que permite mostrar la localización del cliente en un mapa virtual o físico.

Trabajar con este nivel de precisión sería una herramienta en extremo productiva para una clínica, hospital o franquicia veterinaria que aspire a expandirse en un territorio en concreto, además se pueden emplear perfiles de clientes actuales para localizar clientes potenciales, identificar mercados y otros grupos de prospectos con características similares.

Una vez mapificado los clientes pertenecientes a nuestra cartera y definido nuestro radio de acción y las diferentes áreas anteriormente descritas, procederíamos a identificar las zonas de trabajos, las cuales serían:

Zona A: **no atendidas por nuestro centro o "vírgenes".** Se denominan así porque apenas existen clientes de nuestra cartera residiendo en las mismas.

Zona B: **sub atendidas.** Son áreas donde están parte de los domicilios de nuestros clientes pero su densidad denota un potencial de captación evidente.

Zona C: **parcialmente saturadas**. Son áreas donde están agrupados la mayoría de nuestros clientes, aunque siempre existe la posibilidad de alguna captación.

Zona D: **sobresaturadas**. La posibilidad de incorporar a un cliente es baja y debe ser publicitada para activar e incentivar el consumo en nuestro centro.

Este tipo de zona es frecuentemente muy publicitada por nuestra competencia.

Tabla # 5 Zonas de influencia en cada segmento del radio de acción de una clínica veterinaria.

En la tabla # 5 se muestran todas las áreas que componen el radio de acción de una clínica veterinaria y cada una con sus diferentes zonas de influencia, resaltando además aquellas donde se encuentran los mayores nichos de captación de nuevos clientes por orden de prioridad (1, 2, 3 y 4).

En todos los casos expuestos, nuestro interés fundamental para la captación de clientes debe centrase en las zonas A - B, y para la fidelización o el incremento del consumo, las zonas C - D. Toda esta información bien organizada, al situarla en un mapa de unas dimensiones aceptables (ej. 100 cm x 100 cm), nos permitirá una visión integral de la situación física de la clientela del centro, para distribuir con mayor eficiencia y eficacia la publicidad hacia los puntos, áreas o zonas donde serán de seguro más efectivas. Además los clientes de nueva incorporación, los activos o inactivos en cartora se podrán plasmar con colores o marcas

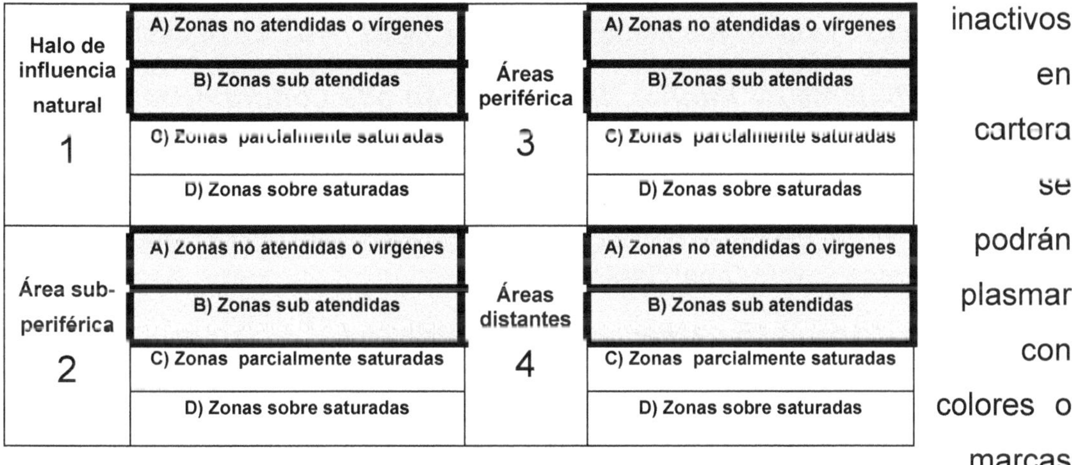

Área	Zonas	Área	Zonas
Halo de influencia natural 1	A) Zonas no atendidas o vírgenes	Áreas periférica 3	A) Zonas no atendidas o vírgenes
	B) Zonas sub atendidas		B) Zonas sub atendidas
	C) Zonas parcialmente saturadas		C) Zonas parcialmente saturadas
	D) Zonas sobre saturadas		D) Zonas sobre saturadas
Área sub-periférica 2	A) Zonas no atendidas o vírgenes	Áreas distantes 4	A) Zonas no atendidas o vírgenes
	B) Zonas sub atendidas		B) Zonas sub atendidas
	C) Zonas parcialmente saturadas		C) Zonas parcialmente saturadas
	D) Zonas sobre saturadas		D) Zonas sobre saturadas

distintivas que nos ilustrará tendencias por zonas, nivel de vida o áreas determinadas. Interpretar estos datos requerirá tiempo, pero los beneficios económicos a corto, mediano y largo plazo serán cuantiosos.

Para definir un valor objetivo y poder clasificar una zona como A, B, C o D necesitaríamos tener cierta información previa y de no disponer de ella debemos estimarla. Lo más cercano a lo real sería un censo reciente de mascotas del cual podemos disponer en el colegio veterinario, en los ayuntamientos regionales o alcaldías, además existen oficinas de estadísticas y autoridades sanitarias que manejan datos aproximados de la densidad de mascota nacional o provincial, pero aún con esto la cifra real no la tendríamos casi nunca.

Para estimar los valores hemos establecido una guía:

Zonas costeras de playas y clima cálido y/o con alta cultura de la tenencia de mascotas

- 2 mascotas básicas (perros y gatos) cada 10 habitantes (2.000 mascotas / 10.000 habitantes).
- 1 exótico cada 10 habitantes (1.000 exóticos / 10.000 habitantes).

Zonas no costeras de interior, frías y / o con alta cultura de la tenencia de mascotas

- 1 mascota básica (perros y gatos) cada 10 habitantes (1.000 mascotas / 10.000 habitantes).
- 1 exótico cada 15 habitantes (1.000 exóticos / 15.000 habitantes).

El resto de las zonas donde no dispongamos de información fiable debemos asumir como media 1 mascota cada 15 habitantes (1.000 mascotas / 15.000 habitantes). Se exoneran de este estimado las regiones que por cultura local tengan una mascota poco habitual (ej. simios, reptiles o palomas entre otras) y las zonas eminentemente agrícolas o ganaderas donde el nivel cultural sea bajo dado a que existe una alta densidad de mascota pero muy poca cultura de la atención veterinaria en clínicas. En estos casos particulares, la densidad de mascotas es alta pero los clientes que visitan la clínica son pocos, siendo este servicio suplido mayoritariamente con el veterinario de campo, el cual pude censar perfectamente las áreas donde trabaja y tener una cifra real de cliente potenciales que a menudo no se aprovechan y resultan más rentables que el propio ganado atendido.

Existen algunas publicaciones al respecto sobre estimación demográficas en relación a los ratios mascotas / humanos los cuales se han utilizado para programas de vacunación antirrábica, a continuación mostramos un resumen.

Tabla # 6 Determinaciones de la proporción de seres humanos vs mascotas (perros y gatos) según algunos continentes, regiones o países.

Continentes / regiones o países	Proporción humanos / mascota / zona			
	Perros		Gatos	
	Urbana	Rural	Urbana	Rural
África	21,2	7,4	-	-
América del norte	6-10		4-10	
América del sur o Iberoamérica	8-10		9-4	
Europa (UE)	6-10		8-10	
Asia	7,5	14,3	-	-
India	36		-	-
China	48,30		-	-
Oceanía	6-9		-	-

"A veces perdemos lo seguro por buscar lo incierto, pero solo así somos capaces de encontrar lo que soñamos"

V. Barrios

RESUMEN

En este capítulo expusimos los diferentes halos de influencia natural y posibles radios de acción de un centro veterinario (consultorio, clínica y hospital) en función de su estrategia competitiva y tipo de servicios.

Se plantea por primera vez la importancia de la mapificación y zonificación de los clientes en un centro veterinario.

Se explicaron las diferentes zonas de influencia en cada segmento del radio de acción de una clínica veterinaria, las cuales se resumen en:

Zona A: no atendidas por nuestro centro o "vírgenes"; Zona B: sub atendidas; Zona C: parcialmente saturadas y Zona D: sobresaturadas.

Capítulo 4.

METODOLOGÍA INTEGRAL PARA CAPTAR NUEVOS CLIENTES

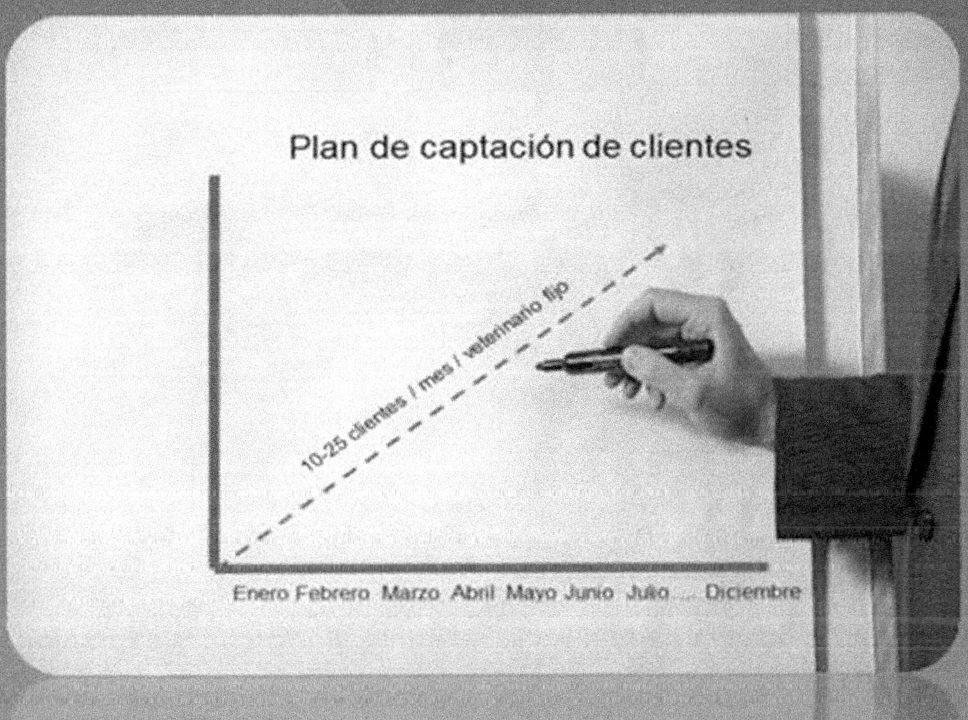

Todos los centros veterinarios, en lo que a su gestión se refieren, deben trabajar con un determinado nivel de control a través del cuadro de mando integral (CMI) y sobre indicadores específicos que sean medibles, de fácil obtención y que de alguna manera nos ilustren aspectos sensibles cuando algo no va bien. En sentido general, existe un cúmulo de eventos que permiten que nuestra cartera de clientes esté equilibrada y se muestran resumidamente a continuación:

Figura # 4 Equilibrio interno entre clientes que egresan, ingresan y son retenidos que permiten mantener la cartera de clientes.

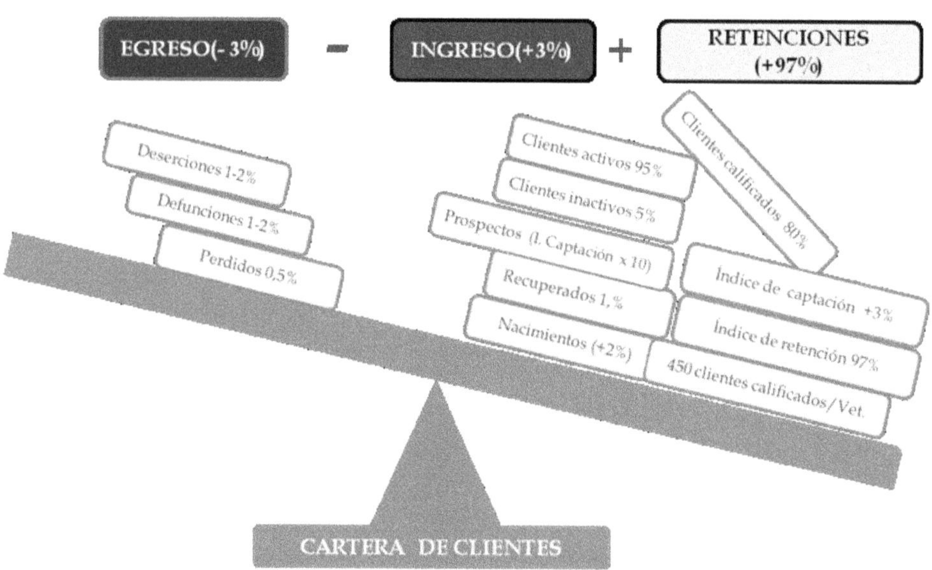

En la gestión de nuestra cartera en lo referente al **ingreso y captación** de nuevos clientes proponemos algunos indicadores básicos que debemos saber obtener, evaluar e interpretar y que a su vez nos permitirán, controlar la fisiología de la rentabilidad del centro:

Ingreso e incorporación de nuevos clientes

No es más que el número de clientes captados en un período determinado por nuestra clínica y su valor adecuado será en función del tipo de centro y la relación existente entre clientes vs veterinario necesaria para mantener la sostenibilidad del mismo. Para tener una visión más general, pudiéramos evaluar desde la apertura del centro, los últimos cinco años o los 365 días anteriores y para llevar un control más específico, evaluaríamos el mes en curso o el día a día, como se aprecia en el siguiente ejemplo:

El 1 de enero teníamos 5.000 clientes en nuestra cartera y se han incorporado 300 nuevos clientes a razón de 25 clientes al mes (75 / trimestre) para una media de 0,85 clientes por día. Esta cifra nos brinda información solo de manera general y sin otros datos sería incompleta su interpretación, ya que para algunos centros pudiera ser muy buena, mientras que para otros una debacle económica. Algunos autores plantean que deben captarse cada mes de 20 - 30 clientes por veterinario fijo que exista en el centro, pero más que una alta cantidad es preferible centrarnos la calidad de los clientes y fijar ciertos prerrequisitos en función de nuestra estrategia competitiva. Se hace necesario que atraigamos a los clientes acordes con el producto que ofrezca nuestra clínica.

Como valor de referencia tomaremos que anualmente deben ingresar al centro al menos un 25% de las mascotas básicas de las cuales este disponga, véase el ejemplo:

- *Cartera total 1.000 clientes (500 perros, 400 gatos, 100 exóticos)*
- *La mascota básica serán los perros. Deben ingresar anualmente 25% (125 perros) También podemos compartir este ingreso porcentualmente según la proporción de clientes en cartera y así la cifra es más real, explico:*
- *500 perros (50%); 400 gatos (40%) y 100 exóticos (10%) por lo que deberán ingresar: 63 perros; 50 gatos, 12 exótico que suman en total 125 mascotas con sus equivalentes porcentuales.*

Esta cifra es netamente ilustrativa y solo es válida en el supuesto que no marchen los clientes del centro, lo cual casi nunca es posible, debido a que no hacemos nada con ingresar ese volumen de clientes si se marchan el doble de los ingresados y es por ello que la **tasa anual de retención de clientes en el centro**, **tasa anual de renovación de clientes en toda la cartera y número de clientes mínimos necesarios,** nos ilustrará la situación particular de nuestro centro con mayor profundidad de análisis.

No debemos dejar de mencionar los nuevos **nacimientos** que provienen de las mascotas hembras que ya atendemos o las **compras, adquisiciones u obsequios** que efectúan los propios clientes nuestros o habitantes que residen en la zona de influencia y que contribuyen a mantener en su conjunto la continuidad y descendencia de las mascotas de nuestra cartera de clientes. A menudo nos concentramos en esterilizar todas las hembras y machos sin evaluar que es preferible (demográficamente) hacerlo después de al menos algunos partos.

Por último, existen en los centros determinados clientes "**recuperados"** que se reincorporan espontáneamente un día cuando se les presenta una necesidad determinada y es por ello que no se deben borrar del sistema sus datos. Las causas son diversas, pero muchos deciden obtener el servicio en otros lugares y tras un evento determinado deciden regresar. Este grupo de clientes "satélites" no son deseables para ningún centro, pero no dejan de ser un nicho de mercado bastante extenso y alguien lo debe cubrir; consideramos que la cifra óptima oscila entre 1 - 5%.

Egreso o salida de clientes

Como su nombre indica, es la salida de clientes de nuestra cartera por cualquier causa en un período determinado, aunque debemos añadir que aquellos clientes inactivos (que no han efectuado una transacción económica en 365 días) y se contacta directamente con estos durante tres ocasiones o más y siguen sin visitar al centro, se les declarará clientes egresados o fuera del sistema. Este indicador cumple los mismos requisitos que el anterior por lo que si deseamos tener una visión ampliada de nuestros egresos podemos evaluar los mismos períodos.

Las principales causas de egreso de clientes en una clínica veterinaria son:

La muerte de las mascotas, (tasa anual de defunciones): esta cifra varía en relación al tipo de servicios que ofrecemos, debido que los centros especializados en urgencias, animales geriátricos o tratamientos oncológicos no tendrán el mismo nivel de defunción que aquellos que ofrecen servicios generalistas u otro tipo de atención (ej. oftalmología, imagenología u otros). Esta cifra deberá estimarse según la composición demográfica de la cartera y ello permitirá prever el futuro decrecimiento de los clientes e implementar políticas de incremento de las mascotas bases. Consideramos adecuado entre un 1 - 3% en centros veterinarios con servicios generalistas y comerciales, excepto en centros especializados con alto nivel de riesgo y mortalidad dónde fluctuará desde un 20 - 50%. Cifras superiores deberán revisar las causas no naturales y los protocolos establecidos así como el nivel de preparación del personal.

Las deserciones activas (tasa anual de deserciones): están dadas por aquellas salidas activas de nuestros clientes hacia otros centros ya sea por no encontrase a gusto con nuestra atención, la búsqueda de otros servicios no ofertados en la clínica, exploración de precios más asequibles a sus necesidades, centros o servicios más cercanos a su comodidad o adecuados a su standing de vida.

Las deserciones pasivas: se deben a la salida de clientes satisfechos por necesidades ajenas a su voluntad, traslado hacia otras áreas, por perdidas de los ingresos personales (despidos), necesidad de empleo en otras regiones, causas de fuerza mayor (accidentes, conflictos o emigración entre otros), extravíos o robos de las mascotas entre otras.

En ambos casos (deserciones pasivas y activas), consideramos como adecuado entre un 2 - 11% del total de clientes en cartera, por lo tanto salen de nuestro sistema, pero no dejamos de enviarle publicidad. En los hospitales donde el cliente objetivo es el veterinario propietario o gerente de una clínica veterinaria, la deserción activa de un solo cliente es causa de análisis profundo en el nivel de satisfacción y ética del servicio prestado.

Clientes perdidos o extraviados:

> **Auto inactivación del cliente:** por causas ajenas al centro determinado grupo de clientes deja de asistir a los servicios veterinarios y no se incorporan en otra clínica porque entra en un estado de "hibernación del consumo". Pero insisto y recalco con toda intensión, siempre es responsabilidad nuestra no encontrar los recursos comunicativos para hacerle llegar al cliente la necesidad de visitar nuestras instalaciones y si no fuera así entonces no es un cliente que necesita nuestros servicios, por lo tanto la captación fue puntual y no efectiva siendo ello responsabilidad nuestra también.
>
> **Desorganización interna:** se extravía el cliente en nuestro sistema de control por causas determinadas pero realmente no ha abandonado el centro. Esto es bastante habitual en centros que no tienen implementado un sistema de gestión de la cartera que organice sus datos adecuadamente.

Aquellos clientes perdidos, no deben exceder el 1%. Todas estas causas y otras no tan frecuentes, deben ser objeto de análisis minucioso y nunca subvalorarlas.

Existen técnicas de entrevistas, encuestas de satisfacción y métodos de rescate de clientes que podemos implementar para desacelerar estas salidas. Algunos autores consideran una tasa de deserción o egreso del 25% como normal, otros hasta un 32%**,** lo que conllevaría a una retención del 68 - 75% respectivamente. La mayoría de las clínicas pierden del 15 - 25% de sus clientes bases anualmente. En la generalidad de los casos refleja una alta mortalidad, la ineficiencia en la gestión de la cartera o una demostración de una captación no deseada.

Tomaremos como referencia un egreso óptimo para una clínica veterinaria convencional, por la causa que fuere entre **3 - 15%** y en casos de desconocimiento de estos datos asumiríamos un egreso mínimo del **25%** hasta que se demuestre lo contrario.

Tasa anual de retención de clientes

La tasa anual de retención de clientes (TARC) no es más que una estimación porcentual de los clientes que salen del sistema respecto a los que se quedan en él o son retenidos por nuestra calidad u oferta en el servicio. Esta nos resume qué porciento de los clientes hemos podido mantener en la cartera en un período dado, preferiblemente de un año y donde valoraremos además, si esta retención permitirá la sostenibilidad de mi centro.

En los centros veterinarios que consideramos con un funcionamiento óptimo la retención fluctúa desde un **75 - 90%** y estará en relación directamente proporcional con la "calidad" de los clientes que captemos. Aquellos centros con una *tasa de fidelización o retención reducida*, son el caldo de cultivo ideal al éxodo de clientes hacia otros centros "la competencia". Ello se debe principalmente a la perdida de la confianza en el servicio, trato deficiente con el cliente, falta de ofertas promocionales sistemáticas, escasa comunicación e información centro - cliente y en ocasiones pudiera ser que el propio cliente que hemos captado no es el que necesita nuestro centro o mejor explicado, ¡nosotros no brindamos lo que necesita el cliente!, y se hace necesario aplicar el marketing directo hacia las necesidades del cliente y comenzar a transformar nuestra mentalidad como veterinarios que ofertamos un servicio. La TARC se calcula de manera muy sencilla:

***TARC** (%) = 100 – (E / C* F)*

Donde:

***E:** egreso, es el resultado de todos los clientes que salen del sistema.*
***C:** clientes totales dados de alta hasta la fecha en nuestra base de datos.*
***F:** factor de conversión 100.*

***Ejemplo:** una clínica con 1.000 clientes en cartera y con un egreso de 180 clientes al año.*

***TARC** (%) = 100 – (180 / 1.000*100)*

***TARC** (%) = 100 – (0,18*100)*

***TARC** (%) = 100 – (18)*

***TARC** (%) = 82%*

Este valor nos ilustra perfectamente que "fijador" tiene nuestro aromático servicio al cliente, además nos muestra la fisiología de captación acertada o no del centro, debido a que dependerá en cierta medida del grado de incorporación de clientes en el período, por lo tanto no se debe analizar este indicador aisladamente.

En resumen si captamos e incorporamos más clientes de los que se marchan, nos informa este indicador, que estamos haciendo los deberes en relación a la captación de clientes, pero no obstante, si el dato de "número de clientes en cartera hasta la fecha" lo sustituimos por el "número de clientes el día cero del análisis" (365 días atrás), se informaría realmente cuáles clientes antiguos de nuestra cartera hemos retenido. Siguiendo el ejemplo anterior podemos plantear:

La misma clínica pero el día cero (365 días atrás) tenía 750 clientes en cartera y un egreso como habíamos planteado de 180 clientes.

***TARC** (%) =100 – (180 / 750*100)*

***TARC** =76%*

Si comparamos ambos datos (82% *vs* 76%) nos percatamos que existe una diferencia porcentual de 8% y este último se nos comienza a alejar de los rangos óptimos de retención. Esto nos informa fehacientemente que tenemos serios problemas con la fidelización de la clientela o que por alguna causa, que debemos investigar, los clientes marchan del centro. En ambos casos el indicador es muy útil.

Tasa anual de renovación de clientes en cartera (TARCC)

Esta TARCC, relaciona porcentualmente las mascotas ingresadas que al incorporarse como clientes activos al centro reemplazan a aquellas que egresan por alguna causa. Pretende medir la capacidad de sustitución que tenemos de los individuos que van saliendo de nuestra cartera de clientes. Se debe cumplir una condición previa, y es que ningún número empleado en estos datos debe ser negativo o igual a cero, ya que si esto sucediera elegiríamos entonces los ingresos o egresos de clientes como indicador de referencia. La TARCC se calcula como:

***TARCC** (%)= (I / E) x 100*

***TARCC** (%)= (Ingresos / Egreso) x 100*

Donde:

***I: Ingresos.** Está dado por la sumatoria de todos los clientes captados e incorporados al centro (nacimientos + compras + adquisiciones y captaciones entre otros). Estos ingresos pueden ser reales o estimados teniendo en cuenta los ingresos históricos y según la previsión de los clientes que perderemos. En este caso trabajaremos siempre con los ingresos reales para obtener un índice de renovación de clientes en relación con la labor realizada en el período, que es nuestro objeto de interés.*

***E: Egreso.** Es el resultado de todos los clientes que salen del sistema y puede ser real o planificado.*

***PLAN:** Egreso planificado = Mortalidad estimada + Egresos estimados de un 25%*

***REAL:** Salida de mascotas del sistema = Mortalidad real + Egresos reales de clientes*

***Ejemplo de TARCC PLAN:** Una clínica con 1.000 clientes en cartera y un ingreso real de 150 clientes y un egreso planificado de 250 clientes.*

***TARCC (%)** = (I / E) x 100*

***TARCC (%)** = (150 / 250) x 100*

***TARCC** = 60%*

***Ejemplo de TARCC REAL:** Una clínica con 1.000 clientes en cartera y un ingreso real de 150 clientes y un egreso real de 200 clientes.*

***TARCC (%)** = (I / E) x 100*

***TARCC (%)** = (150 / 200) x 100*

***TARCC** = 75%*

En el cálculo de la TARCC podemos afirmar, con este ejemplo, que de manera **REAL** fuimos capaces de reemplazar el éxodo de clientes en un 75%, sobre un 60% planificado, lo cual es beneficioso pero insuficiente todavía. Si somos capaces de efectuar dicho cálculo de la TARCC con todos los indicadores estimados, nos permitirá con un año de antelación prever el éxodo e implementar un plan efectivo de captación de clientes en relación a este. Ahora si analizamos la TARCC en sí, vemos que su resultado es inferior al 100%, por lo que se interpretaría como muy negativo, es decir, salen más clientes al sistema de los que somos capaces de retener e incorporar "renovar".

En el supuesto de una TARCC superior o igual al 100% se interpretaría como muy positivo, es decir entran en general más clientes al sistema de los que egresan, lo cual es beneficioso si lo analizamos únicamente desde la sostenibilidad del centro. Debemos tener presente que quizás con una política muy acertada de captación e inadecuada y/o deficiente de fidelización el índice nos puede dar positivo, sin embargo a la larga existe un problema interno de atención o retención de los clientes que será necesario solucionar.

Por último y para resumir, la TARCC nos permite determinar hasta dónde hemos sido capaces de reponer los clientes que se han perdido. Pero no informa de los clientes necesarios o vitales para que nuestro centro veterinario al menos funcione sin generar perdidas. Esa información más profunda nos la da, el índice de reposición necesaria de clientes.

Clientes mínimos necesarios (CMN).

Este indicador esta dado por el número de clientes mínimos que necesita nuestra clínica que al efectuar un consumo similar al que tiene el centro actualmente, al menos no tenga perdidas y pueda alcanzar el punto de equilibrio, se obtiene sencillamente a través de dos datos básicos:

TIPO DE CÁLCULO

CMN= *PE / FMACA*

Donde:

PE: *Punto de equilibrio (ej. 100.000 €)*

FMACA: *Facturación media anual por clientes activos (ej. 270,00 €)*

Ejemplo del cálculo del CMN:

***CMN** = PE / FMACA*

***CMN** = 100.000 € / 270,00 €*

***CMN** = 370 clientes o mascotas básicas que consuman 270,00 € / año para alcanzar al menos el punto de equilibrio.*

Existen en este ejemplo y en todos los centros, un **núcleo básico de clientes** con un consumo anual que permiten la supervivencia del centro. ¿Acaso no deberemos realizar acciones diferentes con ellos?

El cálculo del PE lo explicaremos más delante con mayor profundidad de detalles, pero hemos de tener presente que si deseamos que el centro sea capaz de subsistir y al menos no tener perdidas, debemos lograr que estos CMN mantengan o incrementen su facturación media anual.

Será muy importante conocer para la gestión efectiva de la cartera cuál es la demografía (mapa demográfico) de mis mascotas, debido a que existe un éxodo “fisiológico” llamémosle natural, causado por la muerte natural de las mismas y debemos tener previsto los cambios dinámicos que tiene nuestra cartera de clientes en el tiempo.

Mapa demográfico en nuestros centros veterinarios, importancia y utilización.

En el capítulo 1 hemos expuesto la necesidad de segmentar la clientela, pero el organizar demográficamente nos ilustrará de cara al futuro, cuál será la situación real de nuestras mascotas en el tiempo. Ello nos permite con mucha antelación, anteponernos al egreso de clientes por mortalidad y si queremos ser más exquisitos, podemos prever, según la longevidad media de las mascotas, el porciento de mortalidad al que nos enfrentaremos próximamente.

Para un centro veterinario resulta difícil disponer de la demografía real de su área o radio de influencia, lo cual fuera ideal en materia de captación de clientes, pero sin embargo les resultará muy sencillo, poder elaborar el mapa demográfico de su propia clínica.

Esto más que una simple segmentación, es una herramienta de trabajo útil sobre todo si lo vinculamos a especies y/o razas en particular. En la siguiente tabla mostramos como un centro con una cartera de clientes de 6.000 mascotas deberá enfrentar el próximo año la muerte de 931 (15,5%) mascotas aproximadamente.

Tabla # 7 Ejemplo de estimación de mortalidad en una clínica veterinaria típica.

DEMOGRAFÍA POR ESPECIE Y GRUPOS DE EDADES

Edades (años)	Perros		Gatos		Otros		Total	% mortalidad
	H	**M**	**H**	**M**	**H**	**M**		
< 0,5	100	60	145	98	60	18	481	3%
0,5-1	200	100	100	100	50	17	567	1%
2-3	200	188	100	188	24	3	703	1%
4-5	505	100	200	100	34	1	940	1%
6-7	500	250	250	250	55	15	1320	1%
8-9	332	167	100	170	36	15	820	3%
10-11	163	50	82	60	45	26	426	50%
12-13	170	120	80	60	39	26	495	80%
14-15	47	22	20	17	30	25	161	100%
>15	20	10	18	5	10	24	87	100%
Mortalidad planificada				**931**				
Total	3.168	1.067	1.095	1.048	383	170	**6.000**	

Leyenda H: Hembras; M: Macho

Este centro en particular tiene una pirámide demográfica invertida y 1902 mascotas por encima de los 8 años de edad, por lo tanto esta previsión es mayor que lo habitual, lo cual nos permite anticiparnos al problema. Dicha estimación porcentual puede hacerse más profunda que lo expuesto aquí, esto es solo un ejemplo ilustrativo, debido a que cada especie tiene una longevidad diferente y dentro de la propia especie las razas pudieran diferir (grandes vs pequeñas). No será necesario confeccionar la demografía de todas las especies en la práctica, con tener bien controlada nuestras mascotas básicas será suficiente.

Para hacer un análisis más profundo debemos tener presente la tasa de fecundidad y fertilidad, el porciento de hembras no esterilizadas con capacidad reproductiva y con la aprobación del propietario para concebir, la tasa de natalidad y mortalidad por edades entre otros datos. Existen muchos indicadores estadísticos aplicables para este análisis pero no es nuestra intensión acomplejar dicho proceso, aunque sin duda alguna esto nos acercaría más a la realidad futura de nuestras mascotas.

La evaluación demográfica y la estimación de la mortalidad, permitirá planificar con el debido tiempo los servicios o recursos mínimos ofrecidos para la eutanasia, incineración u otros a la clientela, así como preparar psicológica y emocionalmente a los propietarios con asesoría sobre el advenimiento del final de la vida de sus mascotas. Además podremos proyectar una política de captación determinada para reponer esta clientela específica que se perderá.

Los centros más vanguardistas y previsores pudieran proponerse una política de reintroducción de mascotas más jóvenes a aquellos propietarios con animales seniles a término, asumiendo su coste el mismo propietario o el propio centro tras la firma de un plan de salud con un contrato de permanecía durante determinado tiempo. Otra alternativa pudiera ser asociarse con tiendas de ventas de mascotas, centros de acogidas, protectoras y/o vincularse comercialmente con estas, con el consiguiente beneficio mutuo.

El envejecimiento poblacional no es un fenómeno exclusivo de los seres humanos ni mucho menos, es una potencial amenaza que si no se prevé a tiempo y se adoptan servicios a la medida de las necesidades surgidas (planes para mascotas seniles entre otros) pudiera provocar la ruina de cualquier centro debidamente gestionado. Desgraciadamente casi ningún centro veterinario se ocupa de estas cuestiones.

La inclusión de los datos en una pirámide demográfica (Figura # 4, 5 y 6) nos ilustrará qué poblaciones y edades están desbalanceadas. Se hace necesario que nuestras clínicas se ocupen activamente no solo de esterilizar, sino por estimular e incentivar la natalidad de su cartera, mediante programas reproductivos dirigidos a segmentos poblacionales con potencialidad de concebir crías. Los distintos tipos de pirámides de población de mascotas son:

Progresiva: de base ancha y cima pequeña, mostrándonos como los animales jóvenes son la mayoría y garantiza el adecuado reemplazo de las mascotas que mueren por su curso natural.

Figura # 5 Pirámide progresiva poblacional óptima e ideal en una cartera de clientes.

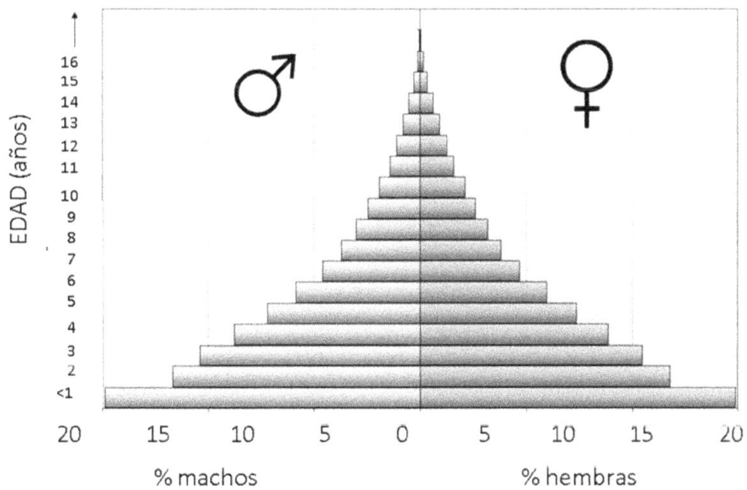

Regresiva o invertida: de base más estrecha que el centro y cima relativamente ancha. Se interpreta con un envejecimiento de las mascotas en cartera. Requerirá una estrategia de renovación e incorporación de mascotas jóvenes así como de incentivación a la reproducción.

Figura # 6 Pirámide invertida de una cartera de clientes.

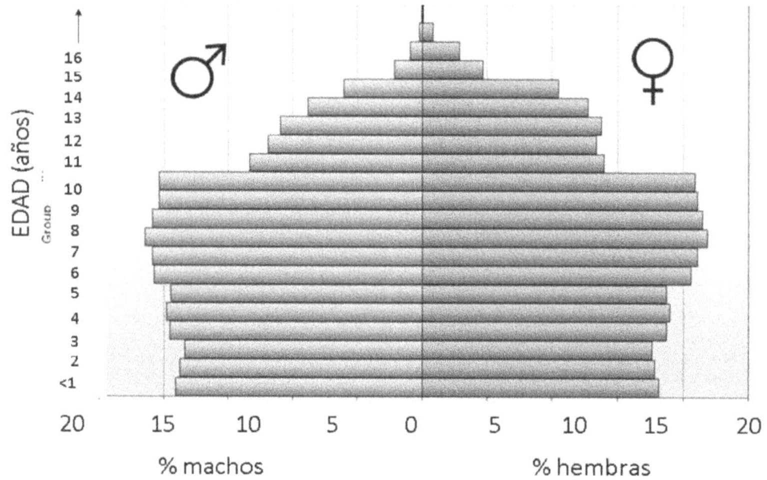

Desequilibrada: Se considera así cuando existe una desproporción tanto en la composición del sexo como en las edades. Casi siempre se produce una combinación de los dos factores.

Figura # 7 Pirámide desequilibrada de una cartera de clientes.

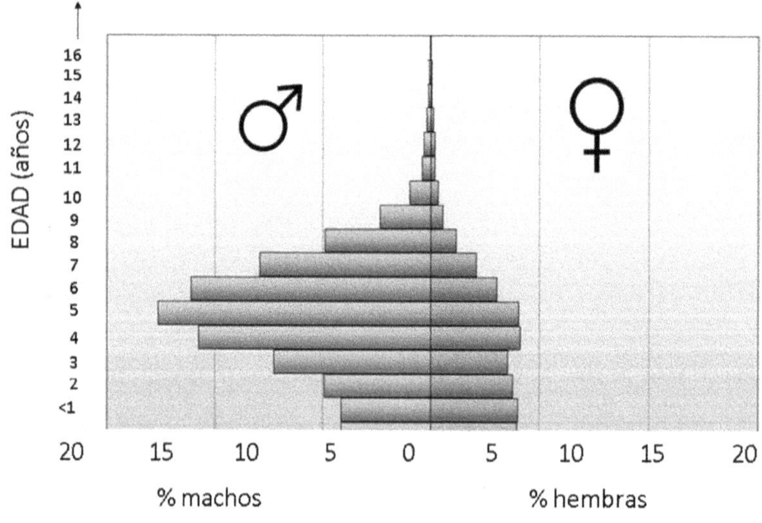

Hasta aquí hemos descrito varios indicadores claves para evaluar todo lo relacionado con la incorporación, captación y salida de clientes a nuestra cartera. A simple vista pudieran resultar complejos de determinar, pero su cálculo e implementación realmente es muy sencillo.

Pudiéramos además, solicitar su incorporación a nuestro programa informatizado de gestión y solo nos restaría aprender a interpretarlos.

Metodología integral para la captación de clientes en los centros veterinarios.

Debemos aclarar antes que nada, que lo expuesto aquí es un patrón básico para la actuación de cada centro veterinario y que resultará muy útil como una metodología de trabajo. La efectividad y el éxito de ello, recaerá en la calidad de las acciones en su conjunto y de las particularidades de cada entorno, donde algunas tácticas y estrategias son más efectivas que otras. Para lograr el ingreso y la captación de clientes deben cumplirse cinco principios básicos:

1) Brindar un servicio de máxima calidad como regla, para un nicho de mercado objetivo no satisfecho. ***Acción:*** segmentación adecuada e identificación del cliente tipo.
2) Darse a conocer, mostrase e informar a ese segmento de mercado que existe su centro para la solución de todos sus problemas, "relacionados con esa necesidad" y a su vez debemos darles facilidades de acceso al centro. ***Acción***: implantación de un adecuado plan de marketing estratégico y operativo.
3) Ser constante durante toda la existencia de la clínica, pero a su vez implementar campañas que le permitan alcanzar picos de visibilidad por encima de lo habitual. ***Acción***: incluir en el plan de marketing una agenda de campañas y eventos promocionales al segmento objetivo

con recursos, responsables e indicadores de control y retroalimentación.

4) Tener la capacidad de asimilar y atender con el mismo nivel de calidad, a los clientes captados. ***Acción:*** implementación de protocolos de atención e indicadores de productividad y satisfacción del cliente.
5) Invertir dinero, tiempo y recursos tanto en la captación como en la fidelización. ***Acción:*** planificación del presupuesto anual para las acciones de marketing así como designación de responsables e implementación de chequeos y controles periódicos.

Para establecer una metodología básica de acciones generales, no debemos ver la captación como un suceso de marketing aislado sino como parte de un sistema de acciones a implementar relacionadas entre sí, destinado a estimular el consumo de los clientes actuales, su compromiso con el centro y contribuyendo con esto a la promoción de este. Todas las acciones que proponemos a continuación, deben estar enmarcadas en dichas líneas de actuación anteriormente descritas:

Publicidad y política de posicionamiento permanente:

Esta se debe hacer durante todo el año y emplearemos para ello todas las vías posibles que nos permita nuestra economía (Internet, radio, televisión local o páginas amarillas entre otras). Ello permitirá a todos los prospectos o clientes potenciales de nuestro radio de acción, conocer nuestro centro, servicios y productos, por lo tanto ante una necesidad, recurrirán a este. El posicionamiento es el lugar que ocupa nuestro producto (clínica y servicios) en la mente de los clientes en relación a los productos de la competencia.

Es conocido que los propietarios de mascotas están saturados con la información sobre los productos y servicios veterinarios, por lo que no pueden reevaluar estos cada vez que toman la decisión de consumirlos.

Para simplificar esta elección de compra, los consumidores organizan los productos en categorías; es decir, "posicionan" los productos, los servicios y las empresas en su mente. Por lo que nuestra prioridad será **"posicionarnos en su mente"** ya sea por los servicios, la publicidad permanente, nuestro prestigio y/o notoriedad, que dicho de manera resumida, será nuestra marca distintiva o "branding".

Publicidad a segmentos específicos de la cartera de clientes del centro para incrementar su relación (consumo de servicios) y compromiso cliente - centro - veterinario (Fidelización).

La fidelización constante de los clientes en cartera hacen que estos sean el portal directo entre los nuevos clientes que deseen comenzar a disfrutar nuestro servicio y el propio centro, por lo que debemos diseñar campañas sostenidas durante todo el año a segmentos específicos de clientes, que permitan incrementar el consumo y a su vez el vínculo con nuestra clínica.

Estrategia de atención diseñada para la captación de nuevos clientes:

Cuando un cliente nuevo llega por primera vez al centro, en ese instante y no en otro, tenemos la oportunidad única para impresionarlos con nuestra "primera impresión" se denomina así porque realmente no habrá una segunda "primera impresión". Debemos tener prevista la atención a los nuevos clientes y para ello el equipo y sobre todo la recepcionista juegan un rol clave y directo que no debemos dejar al libre albedrío.

Se hace necesario prever quién o cómo le hablará al cliente, en qué tono de voz, de pie, sin gafas, con uniforme, sus manos limpias y uñas arregladas (sea hombre o mujer), su peinado, aliento, buen olor y nunca relegarlo a un segundo plano por estar haciendo una función nuestra o llamada telefónica, en general debemos cubrir todos los detalles de cara al público, desde la recepción organizada y puerta de entrada asequible, hasta el olor y el sonido que transmitamos. El acto de entrada de un nuevo cliente al centro costará mucho tiempo y dinero sin embargo por un trato inadecuado o percepción errónea, lo perderíamos para siempre.

Esto quiere decir, que la experiencia de esta “primera impresión” sobre los servicios que ofrecemos al cliente, no es "reprocesable", no podemos dar marcha atrás y hacer que no haya ocurrido. Una vez que ha acontecido, pasa nuestra oportunidad de cambiarla.

Imagine que usted está con su mejor amigo y su mascota en un pueblo desconocido y su perro necesita urgente atención veterinaria pero en el municipio sólo hay dos veterinarios, de hecho son familia, y viven uno al lado del otro. Las puertas de sus casas tienen el mismo diseño, el mismo color y las mismas dimensiones. Dada la urgencia del caso, toca en ambas puertas y éstas se abren en el mismo momento. De una de las puertas sale un hombre de mediana edad, bien peinado, con el delantal limpio y con un estetoscopio bajo el brazo. De la otra puerta sale un hombre mayor, despeinado y con la bata sanitaria sucia y manchada de sangre. ¿Con cuál de los dos veterinarios atendería a su mascota? Usted hará la elección aún sin conocer las credenciales profesionales de ambos veterinarios y de seguro elegirá quien mejor percepción inicial le muestre.

Considerando que cerca del 90% de la información que procesa el cerebro proviene del sentido de la vista, los estímulos visuales como la decoración del negocio, las tarjetas de presentación, la disposición de los muebles entre otros, son de vital importancia a la hora de formar primeras impresiones.

Recordemos que en cuestión de servicios veterinarios, el cliente si juzga el libro por su carátula. El saludo, el trato amigable, el tono de voz, el tiempo de espera, el uniforme limpio y la sonrisa, son utilizados como prueba de calidad del servicio, por parte de nuestros potenciales clientes.

La primera consulta: es un pilar básico en la captación y mantenimiento de un cliente y está dentro del marco de la "primera impresión", no debe ser una consulta normal ni mucho menos impersonal. Debemos orientarle sobre la nutrición y salud de su mascota, presentarles la cartera de servicios, nuestro sistema de trabajo, mostrarle el centro y las ventajas de mantenerse con nosotros, así como enfatizar en los beneficios que disfrutará su mascota. Además el cliente debe llevarse consigo suficiente material de apoyo impreso para que lo consulte en su hogar. Esta primera consulta, más que un servicio veterinario, es un acto de marketing directo al cliente.

Transformemos nuestro centro en un escenario de captación de clientes.

A menudo desaprovechamos el escenario y el clímax de la primera visita del cliente al centro, y la puesta en escena comienza desde que está en la sala de espera, pasa por nuestra tienda, peluquería o entra en nuestra consulta, donde debemos proveer a través de los cinco sentidos información subjetiva y directa de nuestra política, servicios y estrategia como centro. Ello además de reafirmar las causas del por qué nos elegirá, permitirá también, filtrar al cliente que en realidad busca otro tipo de servicios ajenos a nuestra estrategia competitiva.

A continuación expondremos veinte acciones generales que correctamente implantadas incrementarán sostenidamente la cartera de clientes. Antes que nada asegúrese que puede atender bien a aquellos clientes que va a captar, no pretenda abarcar más que la capacidad de servicios instaladas sino quiere sufrir un efecto de rebote de aquella clientela insatisfecha con lo que promueve, o simplemente prevea junto con su crecimiento en cartera una expansión de su área de trabajo o incremento de personal en función del servicio:

1. **Buscar asesoramiento de un experto en marketing:** es la primera acción que debemos hacer, recordemos que el personal veterinario apenas tiene formación en estas áreas de acción y la mercadotecnia aplicada a la captación de clientes deberá estar asesorada por un experto en la materia, dado a que esto es una especialidad que incluye múltiples carreras universitarias (dirección de empresa, periodismo, psicología, comunicación social, marketing o informática entre otros) y el destinar recursos sin el debido conocimiento, de seguro no tendría la misma efectividad y productividad que al ponerlos en manos de expertos en la materia. La formación de nuestro personal en este aspecto puede ser una alternativa a largo plazo.
2. **Estimula e incentiva la referenciación:** premie la recomendación y asegúrese que se haga bien. Ello lo puede hacer psicológicamente a través del agradecimiento personal o premiarlo con descuentos, servicios gratuitos u obsequios de productos de su agrado.
3. **Implante una política de "clonación" de clientes y diseñe una estrategia de captación por efecto cascada**: convierte los clientes activos en "predicadores". El brindar un servicio de máxima calidad permitirá que los clientes queden satisfechos con su centro. Ello está implícito en lo que debe hacerse como regla, usted debe traspasar la barrera de la calidad hacia la exquisitez. Con esto el cliente no solo estará contento con la relación, sino que es capaz de promover dicho

centro de manera activa. Un cliente "apostolizado" es capaz de atraer más de tres clientes por año y estos a otros sucesivamente. Establezca una red de contactos y amigos "fans" e incentive o premie aquellos clientes incondicionales con el centro.

4. **Potencie la comunicación boca-oreja, "boca a boca":** Solicite a sus clientes de confianza que le recomienden a sus amigos. Emplee una publicidad atractiva de posicionamiento y busque personas de reconocido prestigio en su entorno que visiten su clínica. Sitúe un área de visitantes ilustres y publicite localmente su centro. Participe en campañas de esterilización masivas y contribuya como centro a la educación de la población, colabore con protectoras y centros de acogida. Haga que todos hablen de usted, y por supuesto preferiblemente bien.

5. **Incremente la visibilidad física y externa del centro:** Aplique técnicas de merchandising que le permitan alcanzar una efectividad visual. La adecuada visibilidad y renovación periódica (mínimo una vez / mes) de nuestros escaparates y expositores. La ubicación de carteles identificativos transversales y verticales con luminiscencia nocturna y rótulos o letras de un tamaño adecuado. En sentido general, debe transmitir qué tipo de clínica es y provocar un impacto visual en el paseante y que a su vez comunique una adecuada unidad visual. Para ello se deben renovar ciertos aspectos exteriores con sistematicidad, ofertar publicidad o información en dosieres, folletos o plegables en su exterior para el paseante entre otros. Utilice banderolas perpendiculares e iluminadas de ser posibles, sobre todo para sitios con amplio tráfico de automóviles. Hágase notar, resaltar y destacar en su halo de influencia natural.

6. **Incremente la visibilidad on line:** El crear nuestra página web, un blog y nuestra social web (Facebook, Linkedin, MySpace, Twitter o Youtube entre otras), es el primer paso para comenzar a visibilizarnos en la red, pero estos esfuerzos serán en vano si no somos capaces de optimizarla para los motores de búsquedas. Por su título en inglés, SEO (Search Engine Optimization) son todas aquellas acciones que nos permitirá un adecuado posicionamiento ya sea orgánico (natural) o de pago, es decir nuestro objetivo es aparecer en las posiciones superiores (1-5) de los resultados de búsqueda orgánica para una o varias palabras concretas y ello se debe a que los clientes escriben en los metabuscadores (ej. Google, Yahoo o Badoo entre otros) palabras claves ("veterinario", "centro", "vacunación") y si no estás adecuadamente posicionado, es como si no existieras en la red. Por lo tanto se necesitará asesoría especializada para incrementar el tráfico hacia la web de la clínica, con el objetivo primordial de captar prospectos, mostrar los servicios y enviar información periódica de calidad y de alto impacto visual para que dichos prospectos pasen a ser clientes del centro. La web es una prolongación ilustrativa - virtual de la visibilidad física de la clínica, pero con la gran ventaja de llegar a cientos de miles de clientes las 24 horas del día los 365 días del año por tan solo hacer un clic:
    a. **El proceso de posicionamiento SEO:** comienza desde la elección del nombre del dominio, el cual debemos hospedar o alojar en un servidor remoto que contratamos y tras el diseño de la web, debemos vincular la misma en todos los metabuscadores posibles, sobre todos los relacionados con los servicios veterinarios. Al darse de alta solo en los metabuscadores de Google, Yahoo, Bing, Youtube y Baidu abarcamos el 98-99% del tráfico web a nivel mundial. Por supuesto debemos diseñar la web de manera que cumpla con los requisitos de texto, título y contener las palabras claves adecuadas que

permitan una localización rápida por dichos buscadores, esta acción se denomina "optimización web".

b. **El vídeo marketing:** es una herramienta clave en la promoción de nuestro centro sin embargo apenas es utilizado por las clínicas veterinarias. Es un hecho que los usuarios en la red están interesados principalmente por el vídeo, más del 55% del tráfico de Internet está relacionado con el vídeo. La elaboración de vídeos cortos (30 segundos y 2 minutos) sobre nuestro centro y servicios, es una acción eficaz para cualquier clínica.

c. **Campañas de posicionamiento de pagos:** existe también la posibilidad de posicionarse en la red y conseguir tráfico mediante el **pago de campañas por clic o a través de impresiones visuales**, que bien implementadas son herramientas de gran utilidad para captar prospectos. En este caso se debe delimitar la región geográfica donde se visualizará la web en la red ya que en muchas ocasiones se promueven consultorios veterinarios que tienen un halo de influencia natural de 300 metros, mediante el Google AdWords (programa que utiliza Google para ofrecer publicidad de pago patrocinada a potenciales anunciantes) en extensiones nacionales que denotan un desconocimiento y un gasto innecesario. Existen alternativas para el posicionamiento de pago y entre ellas está el darse de alta manualmente en grandes bases de datos "directorios" que contribuyen a que nuestra web esté mucho mejor posicionada, entre ellas encontramos las páginas amarillas, QDQ y redes locales especializadas en **"posicionamiento orgánico**" por zonas que al solicitar sus servicios e incluirnos en sus catálogos nos posicionan automáticamente sin que tengamos que realizar esta labor técnica nosotros. Para alcanzar un posicionamiento efectivo, eficaz y rápido es preferible externalizar el servicio a profesionales del sector.

d. **Social web:** las redes sociales pasaron a ser desde hace mucho tiempo el espacio de mayor interactividad entre las personas con intereses similares, amigos, familiares y grupos sociales. Un comentario positivo, negativo o vídeo, puede ser visto, comentado defendido o criticado inmediatamente de manera viral por miles de usuarios "prospectos" en pocas horas. Resulta que los usuarios on line pasan la mayor parte de su tiempo en la red social que un metabuscador debido a que este último solo es una herramienta para buscar algo específico mientras que las redes sociales han pasado a ser un medio de vida para socializar e intercambiar información. No pretendamos captar clientes cuando no somos parte de su sociedad virtual.

En lo que se refiere a *Internet,* es un mar de cosas que se pueden hacer y se escapa esto de las competencias de un veterinario clínico por lo que necesitará ayuda profesional. La página web del centro puede tener varias funciones, y es por ello que tras la lectura que haga de este texto comience a preguntarse si las respuestas a estas interrogantes están contenidas en su sitio, comenzaremos preguntándonos:

¿Cuál es el objetivo de su sitio web en relación a su clínica veterinaria?

- En primer lugar lograr un aterrizaje de los clientes y un tiempo de permanencia medio en esta, lo suficiente como para mostrar a los internautas qué es nuestro centro y cuáles son sus funciones o servicios principales.
- Enseñar dónde está ubicada nuestra clínica, cómo acceder a esta, quién es su personal y qué servicios ofrece.
- Establecer una relación de confianza con sus prospectos enviándoles sistemáticamente a través del blog o newsletter (boletín informativo), información, soluciones y/o herramientas que sean importantes, muy interesantes y relevantes para solucionar problemas verdaderos "contenido de calidad".
- Crear una lista de prospectos y subscriptores que se interesen realmente por sus productos y/o servicios.
- Transmitir a todos sus visitantes (principalmente a los clientes actuales), nuestras características diferenciales, valores, misión, visión así como todas las fortalezas de la clínica.

- Educar sistemáticamente a los propietarios a través de información, cursos, seminarios, vídeos y materiales publicitarios colgados en la web.
- Ofertar servicios o propuestas novedosas y atractivas que incrementen el tráfico (número de visitas por día) de clientes a la web. Aquellos clientes internautas les resulta muy cómodo poder visitar nuestra clínica a tan solo un clic, sobre todo si les ahorramos tiempo y dinero. Existen servicios extras que aportan un valor agregado a la web como puede ser la creación de una zona exclusiva de clientes donde se accede a través de claves, códigos de acceso para consultar el historial de su mascota, vacunas y de ser posible un calendario de eventos a cumplir durante todo el año. El chat on line o las vídeo conferencias a grupos de propietarios sobre temas de interés o para aclarar dudas "**no para diagnosticar**" en lo referente a nuestra mascota es un servicio de fácil implementación y realmente atractivo.
- En esencia, la web es una puerta interactiva de información y accesos a nuestro centro que bien empleada genera un flujo de información directa a la vida privada de los prospectos y clientes en sus hogares a través del ordenador de casa, el móvil, o cualquier dispositivo con acceso a Internet.

7. **Posiciónese en todo su radio de acción:** a través de campañas de posicionamiento radial con al menos de dos a seis cuñas publicitarias (spot) por día, durante largos períodos. Diseñe anuncios graciosos, atractivos y perdurables, que capten la atención de niños, ancianos y adultos. Distribuya publicidad gráfica en todas las zonas de influencia con una sistematicidad mínima de una vez por semana / zona elegida.

La prensa local es una herramienta útil para publicitar campañas puntuales o sucesos esporádicos que nos permitan estar a la vista de todos. La televisión local es un medio muy efectivo pero en ocasiones su precio es inaccesible para la mayoría de los centros veterinarios o su nivel de audiencia no es el más adecuado.

8. **Organice eventos promocionales o puertas abiertas:** los eventos y puertas abiertas son un espacio idóneo para promocionar el centro en los colegios colindantes así como todas las grandes instituciones públicas, donde acudan grandes cantidades de niños, jóvenes e incluso adultos. Los eventos compartidos diseñados para cachorros, según sus siglas en ingles, "Puppy partie" permiten que los dueños de las mascotas y sus hijos asistan al centro con estas periódicamente. Para el propietario es una manera de vincularse aún más con su mascota y el veterinario. A su vez adquiere conocimientos sobre higiene, nutrición y cuidados específicos. El poder convertir estos eventos en un suceso promocional, hará que sea un atractivo plus para muchos prospectos.
9. **Regale conocimientos y premios a cambio de rellenar fichas de prospectos:** el crear campañas fuera del centro obsequiando a las personas que se presenten con su mascota, detalles como: alimentos, afiches, libros, juguetes, regalos y otros productos de interés, todos a cambio de rellenar un sencillo formulario con sus datos personales y su consentimiento para recibir publicidad, suele ser muy efectivo para engrosar una lista de prospectos.
10. **Personalice su oferta e implemente servicios únicos**: las ofertas genéricas son poco efectivas. Hay que escuchar al cliente, conocer que ofrece la competencia, saber lo esencial para personalizar lo que

brindamos. No malgastemos recursos con propuestas que no interesan. Pida personalización en todo y diferénciese.

11. **Planifique objetivos o metas (cifras) y autoevalúese sistemáticamente:** esto permite monitorizar la calidad de las acciones de captación que estamos haciendo, potenciar las más productivas y concentrar los recursos en estas. Ello requerirá tener implementado en el centro un censo permanente que permita conocer ¿de dónde provienen los clientes?
12. **Instaure una política de "Coopetencia":** este término surge de la fusión de la palabra cooperación y competencia. Establezca alianzas estratégicas con otros colegas o centros periféricos especializados, así como establecimientos de ventas de mascotas. Externalice servicios con otros centros veterinarios, promuévalos, comparta beneficios y hágales saber la importancia de su alianza con estos.
13. **Implemente campañas de captación sistemática:** estas se pueden diseñar con promociones especiales para nuevos clientes. "Plan de captación de clientes" y a través de la nueva incorporación se pueden disfrutar de beneficios determinados en el servicio. Se puede establecer publicidad permanente en carteles, autobuses, pantallas de promoción audiovisual en los escaparates y en zonas estratégicas de la ciudad.
14. **No permita que un prospecto o cliente potencial que entre al centro se vaya con las manos vacías:** tenga preparado siempre material de presentación de la clínica, los servicios, las ofertas del mes, los horarios, coméntele nuestras fortalezas y en el supuesto caso que no decida consumir nada en la tienda, peluquería o clínica obséquiele con algún detalle para su mascota.

15. **Supere siempre las expectativas del cliente potencial:** para captar y asegurar un cliente, debemos sobrepasar sus expectativas, es decir, darles algo más de lo que esperan de nosotros. Si deseamos superar las expectativas de estos potenciales clientes, podríamos por ejemplo, obsequiarle un producto adicional o un servicio extra con un descuento del 100%, pero poniendo en su conocimiento la cifra monetaria que se ahorró. Los servicios denominados "gratuitos" no se valoran para nada en comparación con los servicios a un precio determinado con un descuento de regalo del 100%, ambos son gratuitos pero psicológicamente no tienen el mismo efecto. No permita que un cliente potencial se vaya con las manos vacías del centro, un simple calendario imantado, le sería muy útil en su nevera para realizar apuntes sobre sucesos importantes para sí mismo o su mascota y nuestro mensaje estaría en su hogar los 365 días.
16. **Ofrezca productos o servicios de muestras gratuitas:** el disfrutar de un servicio determinado por un tiempo limitado, permite antes que nada, establecer una relación de confianza entre el centro y el cliente que nos evalúa. El conceder las primeras consultas, el primer corte de pelo o baño, o la primera bolsa de pienso, con un descuento del 100% para que pueda disfrutar del servicio y se haga dependiente emocional y psíquicamente es una de las herramientas que más resultados está dado hoy día en la venta de productos on line, pensemos en establecer políticas similares off line.
17. **Distribuya cupones de descuentos en los portales web profesionales:** este recurso clásico para atraer clientes se ha convertido en una de las estrellas del nuevo escenario para mitigar la crisis. Las empresas invierten cantidades ingentes de dinero en ello y los

consumidores están demostrando que agradecen estas ayudas. El canje de cupones ha aumentado vertiginosamente y además de este incremento en cifras, hay novedades en la forma de aprovechar esta herramienta de marketing con el mínimo coste posible. Nuestra estrategia competitiva pudiera no ser por precios y no queremos exportar esa imagen, pero estudios de neuromarketing han demostrado que inconscientemente los clientes sean del nivel de vida que fuere, son atraídos irresistiblemente cuando de ofertas se trata. Esto no quiere decir que nuestro centro sea barato o tenga un servicio de mala calidad sino que le decimos a los potenciales clientes, que es una oportunidad única de entrar en nuestro selecto grupo de clientes.

18. **Ofrezca garantías únicas y singulares:** si vendemos un producto o servicio y le ofrecemos al cliente garantías de devolución de su dinero si no está satisfecho, resulta ser un gancho que funciona. Ofertas como la devolución de la inversión o alguna gratificación, podrá ser motivo de que quiera utilizar nuestro producto. Los sitios más populares de ventas on line a nivel mundial te permiten devolver su producto y te reintegran el dinero del 100% sin cuestionamiento, aunque sea digital y te lo descargases y ya lo hallas utilizado. Es realmente novedoso y arriesgado pero sentiría muchísima confianza de aquel veterinario que me diga sin titubear que me devuelve el dinero de mi consulta si no quedo satisfecho, ¿ustedes no?
19. **Oferte siempre los beneficios de incorporarse al centro y potencie los atributos de los productos:** los clientes no se motivan por un nombre técnico, o un producto, ellos lo que buscan realmente son los beneficios asociados a esos productos o servicios de los cuales

disponemos. Debemos hacer énfasis en todos los beneficios o atributos que podrá disfrutar la mascota al incorporarse a nuestra clínica.

20. **Conviértase en una marca de prestigio:** transforme su centro, su nombre, el servicio y su reputación en una marca de prestigio en la zona de influencia "branding". Este prestigio a manera de marca será un pilar básico en la fidelidad de los clientes y a su vez estos con el tiempo serán su propio departamento de marketing one to one.

Por último y no por ello menos importante, evalúe e implemente un sistema de control que le permita conocer de dónde vienen sus clientes. Sirve de muy poco poner en marcha una campaña de marketing para la captación de clientes si después no evaluamos y medimos cómo ha funcionado exactamente y que retorno de la inversión se ha producido. Un buen trabajo de evaluación nos va a mostrar qué es lo que está funcionando bien o no, y ayudará a entender por qué con determinadas acciones "estamos tirando el dinero".

Desacelere las deserciones

De nada sirve captar clientes si no somos capaces de retenerlos el tiempo necesario en nuestra cartera, para que al menos nos permita rentabilizar sus gastos de captación. Un cliente captado realmente nos reporta sus beneficios, tras las sucesivas visitas y/o consumos que realice en el centro.

Existen muchas técnicas de retención de clientes, pero lo primero será identificar cuáles son aquellos realmente desertores activos y sus causas. Para ello debemos diseñar un cuestionario con argumentos pre elaborados, tener una plantilla pre diseñada para la recogida de los datos, disponer o preparar a alguien para las entrevistas y por último analizar los resultados que permitan emitir un plan de acción o comunicación para los veterinarios del equipo así como todas las medidas preventivas para evitar su repetición.

Para detectar los desertores debemos hacer un listado de los clientes que no realizan ninguna transacción económica en el centro hace más de dos años y por supuesto debemos depurar los fallecidos.

La preparación del entrevistador es un punto crítico a tener en cuenta debido a que será hacia dos líneas de actuación, la primera, obtener la información y la segunda, tramitar una solución que permita atenuar o erradicar la causa de su deserción y a su vez "rescatar" al cliente perdido.

"Estamos ahogándonos de información, pero famélicos de conocimiento".

John Naisbitt

RESUMEN

En este capítulo se expone por primera vez, una metodología aplicable para toda forma de negocio veterinario fundamentalmente para consultorios, clínicas y hospitales que nos permite calcular y evaluar integralmente los indicadores fundamentales relacionados con la incorporación o salida de clientes de nuestra cartera.

Además se fundamenta la necesidad de establecer un mapa demográfico en nuestros centros veterinarios y se explica su importancia. Se indica cómo realizar la estimación de mortalidad en una clínica veterinaria típica y se presentan ejemplos de pirámides poblacionales de mascotas en carteras de clientes de tipos progresivas, regresivas o invertidas y desequilibradas.

Por último, planteamos un cúmulo de técnicas para incrementar ingresos de nuevos clientes a la clínica y una metodología probada para la captación eficaz de clientes los 365 días del año.

CAPÍTULO 5.

LOS PROSPECTOS, CLIENTES POTENCIALES, CLIENTES CUALIFICADOS, MASCOTAS BÁSICAS. METODOLOGÍA PARA DETERMINAR LA EFICIENCIA EN LA GESTIÓN DE LA CARTERA EN UNA CLÍNICA VETERINARIA Y EVALUACIÓN DE LA INVERSIÓN EN CAPTACIÓN DE NUEVOS CLIENTES

ya ha captado. El contar con una población amplia incrementa esas posibilidades pero sin duda alguna, si deseamos incrementar o mantener los ingresos actuales, evolucionar de un centro pequeño a uno de mayor capacidad (ej. de consultorio a clínica o de clínica a hospital) o si aspiramos a crear un centro propio como autónomos, debemos destinar cantidades ingentes de recursos, dinero y tiempo, en captar e incorporar clientes en cartera. De no ser así trabajaríamos a ciegas y la posibilidad de fracaso se incrementaría exponencialmente.

Antes de comenzar el proceso de captación, debemos partir de una estrategia acertada del centro y plantearnos ¿cuál es el nicho de mercado que voy a satisfacer con mis servicios? Y es aquí donde se cometen los principales y más peligrosos errores en la gerencia de un centro veterinario. De esta primera decisión estratégica y básica, partiremos hacia la búsqueda o captación de los clientes tipos para el centro que gestionamos.

La inmensa mayoría de las clínicas, ¡no todas por supuesto!, tratan de ofertar la mayor cantidad de servicios disponibles para satisfacer al cliente y esto no es incorrecto si se plantea como una estrategia competitiva y si verdaderamente existe esa necesidad en el entorno. En una región donde coexisten decenas de clínicas a muy poca distancia se deben plantear estrategias competitivas o preferiblemente cooperativas entre clínicas, con servicios verdaderamente diferenciados, pero desgraciadamente aún no es así. A veces nos aferramos a querer hacer de todo y se invierten cifras astronómicas de dinero en la adquisición de equipos para el diagnóstico, sin tener una idea clara de las necesidades de mis clientes y es ahí donde apenas se obtienen ganancias, se generan deudas y se crean discordias competitivas absurdas entre centros veterinarios cercanos. Se hace necesario que comencemos a diferenciarnos.

Existen modelos muy útiles para decidir cuál será mi planteamiento estratégico, en este caso, recomendamos el modelo dinámico vs modelo tradicional que resulta ideal para las clínicas veterinarias típicas.

Figura # 8 Modelo dinámico vs modelo tradicional

A continuación describiremos brevemente estos modelos competitivos:

Competencia por precios: esta estrategia es la más generalizada en el sector y no porque opten conscientemente por ella los propietarios o gestores, pero desgraciadamente, muchas clínicas en aras a su desesperación económica, optan por estas variantes en contraposición a su estrategia real, queriendo ofertar un servicio de alto valor a precios con descuentos que apenas cubren sus costes totales. Bien diseñada e implementada, es una estrategia que conlleva a la optimización o reducción de costes pero sin afectar la calidad sensiblemente. Es preferible su ejecución en centros pequeños donde existan gastos directos e indirectos reducidos y poco personal, basando su servicio fundamentalmente en la prevención. Dentro de un sector también es aplicable, así como dentro de aquellos grandes centros que a pesar de estar especializados, comparados con sus homólogos, sean capaces de reducir los costes globales. El cliente tipo es aquel que busca precios bajos, generalmente dispuesto a gastar poco en su mascota, o pretende ahorrar cuando tiene varias mascotas en casa, además de ser un servicio atractivo en períodos de carencia y en poblaciones con bajo nivel adquisitivo, también suele ser una estrategia muy práctica donde existen grandes centros, bien posicionados durante muchos años y la población local, no tenga otra alternativa de precios económicos para labores veterinarias básicas.

Flexibilidad: este tipo de estrategia implica adecuar el servicio flexibilizándolo a las necesidades del cliente en cuanto a su disponibilidad de horarios de apertura - cierre, distancias, formas de pagos y todo aquello que involucre un acercamiento superior cliente - centro. El cliente tipo suelen ser personas con horarios atípicos y difíciles, modo de vida muy activo con prioridades bien definidas, personas con dificultades de traslado, que desean pagos a plazo de los servicios más costosos o aquellos clientes que al tomar el teléfono, sabrán que su veterinario estará disponible las 24 horas.

Vinculación: es una estrategia óptima para centros maduros de trayectoria histórica, clínicas bien posicionadas, cartera de clientes estables y con bajas posibilidades de captación e incorporación en zonas saturadas de centros. Esto implica vincular y diseñar productos a la medida para los diferentes segmentos de la cartera, ya sean planes de salud, reproducción, nutrición, geriátricos u obesos entre otros, además se debe implementar un trato más personalizado que permita estrechar la relación cliente - centro. Será preciso transmitir al cliente la percepción del alto valor del servicio y de su correcta elección al mantenerse en dicho centro. El cliente tipo será cada vez más exigente, por lo que se recomienda sorprender sistemáticamente con acciones particularizadas que estimulen su relación con el centro, suelen ser clientes fieles y muy estables que buscan la mayor calidad de atención y experiencia profesional.

Innovación: dicha estrategia implica un liderazgo tecnológico y de profunda formación de los recursos humanos. Es adoptada generalmente por grandes centros (hospitales y clínicas). Conlleva a su vez, disponer de las últimas tecnologías, procedimientos, tratamientos y técnicas de diagnósticos. El centro deberá ser referencia en ese sentido e invertir grandes sumas de dinero en formación, equipamiento y publicidad de calidad. Todas las clínicas veterinarias deben, de alguna manera, aplicar ciertas pinceladas de esta estrategia para no quedarse obsoletas. Los constantes avances tecnológicos obligan a los centros vanguardistas incorporar ciertas innovaciones en los nuevos tratamientos más avanzados, aunque esta no sea su estrategia competitiva como tal. El cliente tipo, suele ser referido de otros centros si se aplica una adecuada política de remisión. Por lo general llegan casos sumamente complicados rebotados después de diagnósticos infructuosos.

Especialidad: la competencia por especialización implica una verticalización y profundización del servicio. Es un tipo de estrategia competitiva muy acertada, costosa, diferenciada y efectiva siempre que se ocupe un nicho de mercado poco saturado. En clínicas generalistas, también pueden implementarse algunos servicios con cierta especialización que contribuyen a fortalecer la posición del centro. Los clientes tipos, suelen ser en relación al tipo de especialización (ej. centros especializados en imagenología, oftalmología donde sus clientes tipos serán las clínicas veterinarias de la región) por otro lado, pudieran ser pacientes crónicos de determinadas enfermedades tratadas o pacientes de clínicas en servicios de urgencia, donde será necesario una acertada política de comunicación. En todos los casos el cliente tipo estará marcado por el servicio que se oferte.

Mixto: es una mezcla de estrategias con pinceladas o matices indefinidos de estas sin profundizar demasiado. Muchos centros aplican una combinación de elementos específicos de cada estrategia sin tener una diferenciación marcada en sí, lo que hace muy difícil su diferenciación de caras al cliente o simplemente desean mostrar al propio cliente que hacen muy bien todo y de todo, lo cual realmente no llega a ser cierto en la mayoría de los casos. En centros generalistas es preferible adoptar estrategias de cooperación con externalización de servicios, evitando de esta manera incurrir en deficiencias tecnológicas y formativas.

¿Qué importancia tiene definir un cliente tipo para nuestro centro?

Poder definir el cliente que vamos a satisfacer nos permite además de captarlo e incorporarlo con efectividad, tamizar, filtrar y a largo plazo estabilizar la cartera que necesitamos. En ocasiones nos convertimos en voraces centros que abarcamos de todo y queremos que nos compren o consuman el servicio sin apenas filtrar y confirmar, si aquello que necesita nuestro cliente es lo que realmente ofrecemos.

Suele ser más valorado por el propio cliente la sinceridad en la solución de su problema aunque tengamos que referirlo a otro centro, o simplemente darle una alternativa fiable de solución y anteponer la verdad de que no disponemos de ese servicio y producto que necesita. Por ejemplo, un cliente que posee una mascota con problemas oculares, si nuestra clínica no ofrece el servicio oftalmológico, se le explica que damos un servicio integral y que podríamos solicitarle dicho tratamiento a un centro externo y así convertir nuestra clínica en un portal que le proporcione la solución de su problemática, aunque no tengamos el servicio en sí. Aquellos que opten por tratar algo sin el debido conocimiento, no solo perderán el cliente a la larga, sino que incorporarán un detractor activo al grupo de los clientes insatisfechos y ello resulta más perjudicial que dejar de ingresar la pírrica factura que se le habría cobrado.

Expuesto esto y en estrecha relación al modelo competitivo, será el prototipo de clientes que necesitará nuestro centro, o visto desde el ángulo del interesado, diseñemos nuestros servicios en dependencia del tipo de consumidor que vamos a captar y donde se supone que está el nicho fundamental de mercado.

Debemos aclarar que ninguna estrategia competitiva es superior a otra, todas tiene sus ventajas y desventajas en relación al entorno, siendo la estrategia más acertada aquella que oferta al cliente lo que necesita y en el momento que este lo requiere.

Recordemos que existen varios tipos de clínicas veterinarias en función del tipo de servicios a ofertar: sanitario y comercial, ya sean generalistas o especializadas e incluso mezclas de estas y a su vez pudieran optar por alguna de las estrategias competitivas antes descritas.

Figura # 9 Enfoque de clínicas según el tipo de centro y su estrategia competitiva

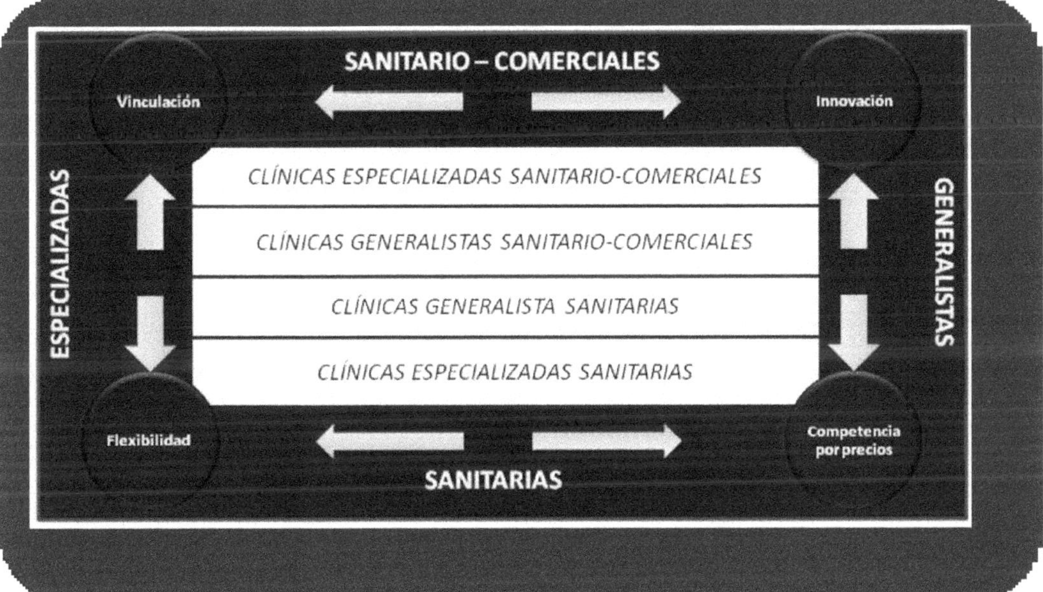

Explicado esto se supone que ya conocemos, **¿cuál es la estrategia competitiva?** (precios / innovación / especialidad / vinculación / flexibilización) y tenemos bien definido **¿cuál es nuestro centro veterinario tipo?** (clínicas especializadas sanitario - comerciales; generalistas sanitario - comerciales; generalista sanitarias o especializadas sanitarias).

Visto esto, se hace necesario comenzar a hablar de la gestión de nuestras clínicas en estrecha relación con el cliente. Realmente ello se viene haciendo hace muchos años y aunque no dominemos la terminología o las técnicas, muchos propietarios, veterinarios y gerentes lo aplican subconscientemente día a día, "**la administración basada en la relación con los clientes**" o lo que en inglés denominaríamos como «customer relationship management».

Customer relationship management (CRM):

Esto es un modelo de gestión particularizado, como gradualmente proponemos en todo el texto, que permite a nuestro centro veterinario, basar su gestión en la orientación al cliente. El concepto más cercano es marketing relacional y tiene mucha analogía con otros términos como: clienting, marketing one to one, marketing directo de base de datos entre otros. Para su mejor comprensión, básicamente se refiere a una estrategia de negocios centrada en, por y para el cliente exclusivamente.

En la actualidad se emplean diversas herramientas informáticas de gestión de clientes que permiten evaluar los mercados objetivos así como a los clientes tipos. La CRM de tipo social, nace de la necesidad de recuperar los vínculos personales con los clientes, especialmente en la era de las redes sociales, donde cada opinión se multiplica de forma viral y afecta significativamente la imagen de la clínica o el servicio. Estas herramientas bien utilizadas, acercan más aún los clientes a nuestro centro, sobre todo si son grupos de clínicas asociadas, hospitales o franquicias veterinarias que gradualmente van perdiendo ese vínculo cercano veterinario – paciente – propietario que se establece día a día, y es ahí donde radica una de las mayores fortalezas de los centros veterinarios medianos y pequeños, debido a que alcanzan un grado elevado de personalización y de interacción con el cliente objetivo.

Una vez explicado esto y bajo el precepto que conocemos bien, hemos estudiado y analizado estratégicamente, **¿cuál es el cliente tipo que vamos a captar?,** debemos exponer algunas interrogantes sobre conceptos básicos que nos permitirán razonar el desarrollo del texto y aplicar una acertada gestión basada en la gestión del cliente:

¿Cuál es mi público objetivo?

A medida que hemos explicado las diferentes definiciones, se hace ver con mayor facilidad esta pregunta. Entendemos por público objetivo aquellas personas que tras el análisis de nuestra estrategia como centro y segmentación pertinente, habremos decidido dedicarnos a la satisfacción de sus necesidades. En la actualidad este concepto ha evolucionado hacia la terminología de "prospectos" para abarcar al público objetivo captado on line también.

El significado de **"prospectos"** en gestión y marketing on line, está dado por aquel público objetivo de publicidad o aquellas personas que presentan una necesidad determinada que podemos satisfacer y que pudieran llegar a ser un potencial cliente en nuestro centro. Utilizando la web, el blog y las redes sociales a través de formularios, técnicas, obsequios y con las debidas herramientas informáticas se pueden formar una lista de suscriptores bastante amplia con nuestros seguidores.

Las clínicas veterinarias ya no tienen ninguna excusa que pueda justificar la ausencia de una presencia on-line fuerte. Sea cual sea su tamaño o tipos de servicios, no estar en Internet, es no existir.

La red de redes "Internet" es una herramienta de extrema utilidad para captar prospectos "clientes potenciales" en nuestro radio de acción, donde ya dispondríamos de direcciones y datos personales de un segmento de la población que en algún momento se interesó específicamente por nuestros servicios a través de nuestra web.

Por cada cliente que captemos para la clínica, necesitamos tener de 6 a 10 prospectos como mínimo y en zonas donde por características culturales la atención a mascotas no es común, se incrementaría de 20 a 30 prospectos por cliente captado.

Cuando a través de nuestra comunicación, imagen, acciones de marketing y una relación calidad - precios atractiva en los servicios, logremos que esa persona incremente su nivel de interés por un producto o servicio nuestro y se comunica con nosotros, deja de ser automáticamente un prospecto para convertirse en un cliente potencial.

¿Quiénes serían los clientes potenciales y efectivos?

Son aquellos prospectos que se acercan al centro directamente o se comunican con nosotros por vía telefónica u on line (Internet, a través de nuestro sitio web o red social) debido a su interés en consumir un servicio determinado y cumple con los requisitos prefijados por nuestra estrategia competitiva de servicios y atención. Es aquel cliente "ideal" susceptible a ser captado para nuestro centro.

Ej. un propietario (cliente potencial) preocupado por su tortuga, dispuesto a gastarse cantidades ingentes de dinero para la prevención de enfermedades de su mascota, contacta con nosotros en varias ocasiones manifestando su interés por el centro, debido a que necesita una consulta diseñada para animales exótico y de ser posible, con amplios conocimientos en la temática. Si este servicio lo tenemos implementado y somos capaces de ofrecérselo y convencerlo para que disfrute de sus beneficios, pasaría de ser un cliente potencial a un cliente efectivo.

¿Qué es una mascota básica?

Como hemos explicado en capítulos anteriores, es aquella mascota mayoritaria que genera el 80% de la facturación. En ocasiones podemos admitir que existen dos mascotas básicas cuando los ingresos entre ambos grupos tengan una diferencia menor o igual al 10%.

En las mascotas básicas debemos concentrar nuestros esfuerzos de captación y para ello hemos de establecer un equilibrio "fisiológico" entre el público objetivo / clientes potenciales / clientes efectivos, tratando que sean estos últimos, nuestras mascotas básicas de manera predominante. Teniendo esto en cuenta, necesitaremos al menos de 10 a 60 prospectos, y en ocasiones tres veces más, para poder captar más de 2 clientes potenciales y a través de una política adecuada de comunicación del centro, los convertiremos en clientes efectivos. Todo esto estará en relación directa con la calidad de la campaña de captación que implementemos y con una efectividad media entre 1 y 3% de la misma.

Según el tipo de servicios ya sean sanitarios / comerciales en tienda y/o peluquería, presentamos una proporción aproximada entre el público objetivo / clientes potenciales / clientes efectivos:

Figura # 10 Proporción estimada de prospectos según los diferentes servicios.

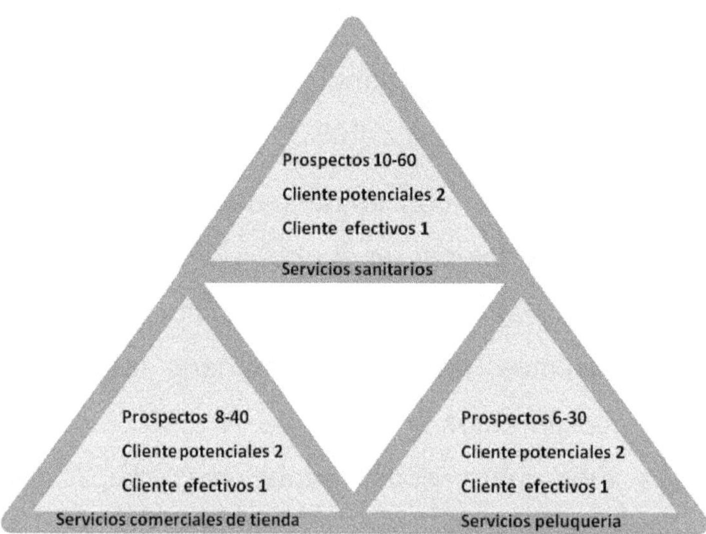

Con estos datos podemos cuantificar un volumen de publicidad a elaborar para alcanzar un número representativo de impresiones publicitarias sobre nuestros clientes potenciales:

Ej. nos planteamos el objetivo de captar unos 10 clientes por mes (120 / año), por lo que tendremos que actuar sobre 7200 prospectos como mínimo, que nos permitirán tener 240 clientes potenciales y en un final los 120 clientes efectivos que yo necesito. Si gestionamos bien la estrategia publicitaria y las campañas con la debida asesoría profesional, obtendríamos una efectividad entre el 3 - 5%. En el supuesto caso de gestionar dicha campaña nosotros mismos, como hacen la mayoría de los centros, la efectividad aceptable sería entre el 0,5 - 1%. Por lo que tendríamos que enviar un volumen de publicidad apropiado (que sería de 1 a 2 veces / año) a 7200 prospectos para captar 72 clientes, pero como necesitamos más clientela, deberemos realizar más de dos campañas sobre este grupo de prospectos dianas al año.

Esta cifra podrá ser mayor o menor en relación con: la calidad de nuestras campañas, el tipo de segmento al que será destinada y el nivel de selección que hagamos sobre los prospectos. Ello nos permitirá también generar un coste por cliente captado (publicidad, campaña, gestión de cartera o un regalo promocional entre otros) y comprobaremos que cada cliente atraído y finalmente incorporado, tiene un coste mínimo que debemos asumir entre 15,00 y 60,00 €, llegando a suponer en algunas ocasiones, tres veces más que esta cifra.

Viendo esto, debemos reconsiderar la necesidad de localizar constantemente nuevos prospectos ***"prospectar"*** durante todo el año, mediante una publicidad de posicionamiento físico y on line constante y a la que no todos los centros le dedican suficientes recursos. Se hace inevitable además, implementar una política acertada no solo de captación, sino también de fidelización.

A través de esta publicidad debemos proyectar una adecuada imagen del servicio en armonía con el pensamiento estratégico, no pretendamos, por ejemplo, ofertar en un centro generalista sanitario con una estrategia competitiva por flexibilidad y vinculación, una publicidad que no exprese adecuadamente dicha estrategia competitiva y donde se deben enunciar los amplios horarios, servicios adaptados y personalizados al cliente, acercamiento a sus domicilios o facilidades de pago entre otros. ¡Si realmente no competimos por precios bajos no resaltemos únicamente esos descuentos tan generosos que van en detrimento del centro!, tenemos que ser coherentes con nuestra estrategia, para que el arribo de clientes al centro sea de tipo "ideal", evitando con esto grandes egresos anuales y una mayor efectividad de nuestras campañas publicitarias.

Vida útil de un cliente – paciente en la clínica veterinaria moderna. Metodología de su cálculo.

En el apartado anterior vimos que captar un cliente es un proceso relativamente caro, pero en definitiva es una acción de vital importancia para mantener la continuidad del centro y es por ello que debemos aprender a cuantificar, cuál es el potencial de un cliente captado e incorporado en nuestra cartera, ello nos permitirá saber hasta qué punto la inversión realizada en su captación ha sido acertada o no y cuantificar en el tiempo la rentabilidad de la misma. Esta metodología también permitirá conocer qué potencial anual tengo en cartera y dónde debo concentrar los recursos en función de captar clientes como una acción prioritaria para la supervivencia de la clínica.

Vida útil de una mascota: no es más que el período de tiempo que la longevidad de la especie, le permita ser un cliente activo, consuma nuestros servicios y aporte beneficios económicos al centro.

No evaluaremos la vida útil del propietario en sí, dado a que en su gran mayoría, tras el fallecimiento, otro familiar allegado sigue vinculado con la mascota y el mismo centro si las características habitacionales se lo permiten, un ejemplo de vida útil lo haremos con una mascota tipo como el perro: 0 - 13 años con un ingreso medio potencial en clínica de 200,00 – 270,00 € / año, en tienda de 150,00 € / año y en peluquería de 80,00 € / año. Esto nos informa que tiene un potencial de 6.500 € en toda su vida útil. Si solo evaluamos sus ingresos por clínica, sería de 3.510 € de potencial.

Recordemos que a medida que la mascota incrementa su edad, su potencial disminuye, por lo que un perro de 10 años solo tendrá un potencial de 540,00 €, edades superiores a 13 años se desestiman, debido a su alta probabilidad de fallecimiento, pero hasta en esos casos existe un potencial ingreso por concepto de eutanasia, eliminación del cadáver o algún tipo de servicio fúnebre que se desee contratar. La diferencia se hace muy notable cuando demográficamente nuestra cartera está envejecida. Debemos agregar que este potencial en cartera es un dato dinámico y se incrementará o disminuirá según seamos capaces de gestionar ingresos, egresos, facturación media y permanecía en el centro de los clientes. Si además contamos con la elaboración de nuestra pirámide demográfica, podemos determinar la vida útil de toda la cartera de clientes y cuantificar que dinero potencial tenemos en cartera:

Ej. una clínica solo de perros y un total de 1.000 mascotas en cartera a razón de solo 200,00 € / año (17,00 € / mes), veamos:

Tabla # 8 Ejemplo del cálculo del potencial de ingresos según los clientes, su vida útil en una situación de cartera equilibrada (pirámide demográfica progresiva).

Vida útil y potencial de ingresos (cartera equilibrada)			
Edades (años)	**Clientes en cartera**	**Vida útil (años)**	**Estimado / año**
< 1	110	13	286.000 €
2	105	12	252.000 €
3	100	11	220.000 €
4	95	10	190.000 €
5	90	9	162.000 €
6	85	8	136.000 €
7	80	7	112.000 €
8	75	6	90.000 €

9	70	5	70.000 €
10	65	4	52.000 €
11	60	3	36.000 €
12	42	2	16.800 €
13	22	1	4.400 €
Total	1000	91	**1.627.200 €**

Tabla # 9 Ejemplo del cálculo del potencial de ingresos según los clientes y su vida útil en una situación de cartera envejecida (pirámide demográfica desequilibrada o invertida).

Vida útil y potencial de ingresos			
Edades (años)	**Clientes en cartera**	**Vida útil (años)**	**Estimado por año**
< 1	10	13	26.000 €
2	12	12	28.800 €
3	17	11	37.400 €
4	18	10	36.000 €
5	19	9	34.200 €
6	22	8	35.200 €
7	23	7	32.200 €
8	200	6	240.000 €
9	344	5	344.000 €
10	105	4	84.000 €
11	110	3	66.000 €
12	82	2	32.800 €
13	38	1	3.400 €
Total	1.000	91	1.004.200 €

Evaluación de la gestión anual de la cartera de clientes: un indicador clave y que enmarca mucha información en relación a la cartera de clientes es la **efectividad de la gestión anual de la cartera de clientes** y se determina porcentualizando los ingreso totales del centro en un año, en relación al potencial en cartera desde el día 0 (365 días atrás) y sin tener en cuenta los nuevos ingresos de clientes, su rango óptimo oscilará entre el 5-13%, aunque cifras superiores fueran más deseables por supuesto.

Ej. utilizaremos los datos de la tabla # 8. Si hipotéticamente hemos facturado en nuestro centro durante todo el año 200.000 €, en relación con nuestro potencial, habremos alcanzado una efectividad del 12% en la gestión de los clientes, lo cual se encuentra dentro del rango deseable de una buena gestión. Si adicionamos los clientes captados (ingresos) y eliminamos los egresos, tendríamos un dato más real aún de la situación.

Evaluando exclusivamente desde el ángulo de la captación de clientes podemos decir:

Ej. si captamos 120 clientes en el año actual, con una edad media de 3 años / mascotas, le quedarían a estas solo 10 años de vida útil y a un coste por captación de clientes de 60,00 €, hemos invertido para ello un total de 7.200 € (3 - 4% de los ingresos) este año en campañas y marketing para adquirir dichos clientes. En el supuesto de que consuman en mi centro 200,00 € / año (17,00 € / mes) habremos incorporado a la cartera de clientes un potencial de 240.000 €. A este potencial le debemos restar el costo de fidelización que explicaremos en el próximo capítulo. Viéndolo así les pregunto ¿valdrá la pena invertir en la gestión y el marketing de nuestra cartera?, lo dejo a su análisis personal.

Tengamos en cuenta que muchas grandes empresas multinacionales hoy día calculan el potencial del cliente captado y realizan grandes inversiones solo para su captación (y muy poco para su retención) bajo la estimación de un consumo medio en su vida útil. Será hora de pensar diferente en función de la captación como tarea primordial y dediquemos tiempo y recursos en la retención de los clientes en nuestro centro, dado a que es más rentable mantenerlo que captarlo.

"Uno debe de vez en cuando, intentar cosas que están más allá de su capacidad"

Auguste Renoir

RESUMEN

En este capítulo conceptualizamos los prospectos, clientes potenciales, mascotas básicas y su integración como elementos claves para que nuestra clínica veterinaria perdure en el tiempo evitando ir a la quiebra.

Definimos según los diferentes modelos estratégicos, cómo poder identificar el público objetivo, cuál es el cliente tipo que vamos a captar, su cantidad y la relación óptima de prospectos - clientes potenciales - clientes efectivos según el tipo de servicios, así como el volumen mínimo de publicidad a elaborar para alcanzar un número representativo de impresiones publicitarias sobre nuestros clientes potenciales.

Hemos propuesto una metodología para determinar la eficiencia en la gestión de la cartera de clientes de una clínica veterinaria y a su vez esta nos permitirá evaluar la eficiencia de la inversión en la captación de nuevos clientes.

CAPÍTULO 6.

LA FIDELIZACIÓN DE LOS CLIENTES EN LA CLÍNICA VETERINARIA

El término **"fidelización"** está dado por un conjunto de acciones de marketing que nos permitirán, estrechar el vínculo de los clientes con el centro, sin abandonarlo y a su vez promoviendo sus servicios activamente. Dicha terminología es mucho más que una noción abstracta de la palabra, ya que implica una conexión verdadera con una fuente, en este caso nuestra clínica y sus veterinarios. Su significado original está vinculado a la lealtad y desde el punto de vista de marketing podemos decir que está dado por la unión del concepto de fidelidad (transacciones repetitivas) más prescripción (influencia que los clientes ejercen en otros clientes), siendo dicho estado una condición muy deseada en los clientes.

Seguramente podamos estar pensando que la fidelización puede ser una herramienta que permita frenar a la competencia; indudablemente puede sernos de ayuda para incrementar la competitividad de nuestra clínica, pero en ningún caso está dirigida a lidiar contra los competidores que existan en nuestro mercado. La función central de la fidelización consiste en **"trasmitirle al cliente un reconocimiento material y psicológico por establecer un compromiso de permanencia y fidelidad con el centro".**

Como describimos en el capítulo anterior, captar un cliente tiene un costo muy elevado y este es superado con creces a través de los ingresos que el propio cliente realice en el centro durante toda su vida útil. Tan importante es **captar el cliente (A)** como lograr que se mantenga **fiel (B)** en el centro y a la vez sea un **consumidor activo (C)**. Si no cumplimos estas tres condiciones al unísono (**A + B + C**), todos los esfuerzos en relación a los clientes, habrán sido en vano. No basta con buscar, captar y tener un cliente, lo más importante una vez incorporado en nuestra cartera, será estrechar su vínculo con el centro y a través de un cúmulo de acciones estimular su consumo.

No hay relación posible en ningún aspecto de la vida sin una comunicación sistemática y un beneficio recíproco, es por ello que la relación cliente - centro será más duradera cuanto mejor sea la comunicación con este. Muchas clínicas veterinarias constantemente cometen el error de invertir cuantiosas cantidades de dinero en captar al cliente y apenas en fidelizarlo, por lo que a largo plazo, su permanencia en estas instituciones decrece. La fidelización, al igual que la captación, también tiene un asociado un coste, aunque no es tan elevado como esta.

Existen muchas maneras de fidelizar un cliente, aunque el mejor plan de fidelización es un servicio veterinario de máxima calidad, personalización del trato y una atención esmerada, cortés, amable y con total empatía hacia su mascota.

A continuación mostramos un conjunto de acciones que al implementarse con profesionalidad, generan un vínculo real y firme con el centro, recordando siempre que el conjunto de las acciones de fidelización deben centrarse sobre los clientes que más facturan:

1. Cuide siempre a sus clientes. Pensemos que las adversidades económicas actuales no solo están afectando a los centros, sino también a nuestros compradores. Deberíamos considerar seriamente la posibilidad de poner en marcha, acciones que demostrasen el aprecio que sentimos hacia ellos.
2. Establezca una conexión psicológica con sus clientes y diseñe estrategias que permitan que hablen bien de usted.
3. Personalice la comunicación en sus campañas o mailing.
4. Mantenga un seguimiento directo de los casos atendidos en el centro.
5. Instaure un servicio post venta dinámico.

6. Ayude a crear un conjunto de vínculos afectivos y dedique tiempo a las relaciones personales con los propietarios.
7. Personalice ofertas por grupos de clientes y premie su estancia en el centro.
8. Envíe cartas y comunicaciones directas a sus clientes en fechas señaladas (fin de año, día de su cumpleaños, día que vino por primera vez al centro, celebración del nacimiento de su mascota o cuando le salvo la vida por primera vez).
9. Sea detallista con sus clientes y obséquieles un regalo o envíele una postal al menos una vez al año.
10. Cree un clima de confianza mutuo y preocúpese realmente por solucionarle sus problemas.
11. Gestione personalmente sus reclamos o quejas en un ambiente íntimo y dedíquele tiempo a buscarles una solución eficaz.
12. Traspase la relación formal. Coordine sistemáticamente encuentros con sus clientes más importantes, tómese con estos un café y de esta manera rompa la rutina cliente - clínica por la de cliente - clínica y algo más.
13. Cree un sistema de retroalimentación que le permita conocer qué opinan los clientes de su centro. Las encuestas, buzones de sugerencias o preguntas directas suelen ser muy efectivas. Descubra en cada caso, cuáles son los atributos del servicio más valorados por el cliente a la hora de construirse mentalmente la percepción de calidad.
14. Invite a sus clientes o grupos selectos a eventos importantes del centro, aniversarios o brindis de fin de año entre otros.

15. Cree tradiciones en su actuación, que el cliente sea capaz de decir, ¡todos los años mi veterinario hace esto o aquello!
16. Tenga diseñados diferentes pack: de bienvenida, de premios cuando se alcance cierto nivel de fidelización (ej. 1er año con nuestro centro) e incluso de despedida para aquellos clientes que sean desertores o egresados. Impresione a sus clientes con buenas y sinceras acciones.

La fidelización efectiva, representa una fuente exponencial de beneficios económicos para la clínica que lo realice, ya que nos permite conocer a la perfección a nuestros clientes y sus hábitos de compra, generar la repetición de dichas compras, aumentar las ventas, desarrollar ofertas personalizadas para estos clientes o grupos sobre la base de sus hábitos de consumo y de esta manera evitamos abrumar al cliente con demasiadas acciones de marketing.

Tengamos en cuenta que el consumidor de hoy, es sofisticado y exigente, queriendo sacar el máximo partido a sus compras y deseando tener libertad para decidir él mismo y de forma inmediata, su mejor recompensa. Recordemos que venderle a un cliente satisfecho y fidelizado es cinco veces más económico que conseguirlo con un nuevo cliente.

Si estas acciones que recomendamos se llevan a cabo adecuadamente o sistematizan como parte de nuestro trabajo, serán suficientes para crear un vínculo real cliente – veterinario – centro. En la actualidad existen algunos sistemas informáticos que contribuyen a fortalecer más aún, la relación de fidelidad hacia nuestro centro, así como favorecen la automatización del proceso haciéndolo más eficiente.

Existen dos modalidades de programas de fidelización, los de tipo **abierto o de libre inscripción** o los **cerrados** donde existen criterios prefijados a la hora de marcar la inscripción. Esta última opción suele ser la más recomendable en términos generales, ya que permite una mejor segmentación y orientación hacia algunos tipos de clientes.

Sistemas, tácticas o metodologías de fidelización muy útiles para una clínica veterinaria:

Sistemas de clubes o tarjetas de fidelización.

Es el sistema más conocido y generalizado en muchas grandes empresas. Se emplea para ello una tarjeta con banda magnética o no, preferiblemente personalizada con el logo de nuestra clínica y una foto del propietario y/o su mascota. Es una manera efectiva de tener controlado el consumo de los clientes y abonarle mediante un sistema de puntos su consumo acumulable. Este sistema solo es práctico si se premia con productos a la medida y en relación al perfil del propio consumo, por lo que además de su automatización requiere un análisis exhaustivo de los hábitos de consumos particulares y necesita un soporte técnico y humano detrás de este.

Suele ser muy eficaz, dentro del propio sistema, realizar clubes o agrupaciones de clientes con marcada diferenciación en relación a los beneficios y para que pueda alguien acceder a estos sea un privilegio de subgrupos de clientes selectos (Vips). Aunque parezca bruscamente elitista, este sistema es preferible por muchos clientes que desean diferenciarse del resto aunque para ello deban gastarse cantidades ingentes de dinero.

“En sentido general las tarjetas como soporte de identificación perderán peso en favor de dispositivos móviles u otros programas integrados a nuestros soportes”.

El móvil, tableta, escáner táctil u ocular, o el mismo documento de identidad, son los nuevos soportes para identificarnos, "el plástico" está saturado y queda en la obsolescencia perdiendo su atractivo, ¡además, no nos cabe una tarjeta más en la cartera!

La identificación de un cliente mediante sistemas biométricos es algo novedoso y brinda un aspecto diferenciador, atractivo y llamativo para estos.

Los sistemas de identificación de nuestras mascotas por huellas de impresión nasal, reconocimiento o biometría facial, escáner de iris y ojos en su conjunto, son novedosas técnicas que sustituyen a las tarjetas físicas y apenas se aplican en los centros veterinarios hoy día; en un futuro no muy lejano ello cambiará.

Sistema de identificación mediante código de clientes.

Es el mismo sistema que el anterior, pero no se emite la tarjeta sino un código individual identificativo (número aleatorio, tarjeta de identidad y en ocasiones el propio nombre) que el cliente pudiera memorizar y de manera interna se controlará siempre. No enlaza un vínculo físico como lo hace la tarjeta pero si se gestiona bien, generará beneficios.

Dinero virtual o sistema de puntos o créditos.

Se trata de una práctica de fidelización que está pasando por una fase de consolidación sobre todo entre los clientes captados on line (internautas) ya que se trata de una cómoda forma de obtener regalos cuando se realizan compras en tiendas virtuales de nuestra clínica. El cliente obtiene puntos o dinero virtual tras su visita al sitio web, por la utilización de determinados servicios, por la adquisición de productos entre otras cosas, o códigos canjeables en descuentos o por regalos en su próxima visita al centro.

Contrato de fidelidad o Fideliting.

Se trata de una herramienta jurídica que se sustenta en un acuerdo de colaboración con el cliente de nuestra clínica. Su objetivo será lograr beneficios mutuos de la relación comercial creada. Las partes involucradas en este contrato serán:

- **Fidelizador "el cliente":** se compromete a comportarse como tal y a mantener relaciones comerciales con la clínica durante un período de tiempo determinado (12 meses) a cambio de recibir una ventaja económica (ej. descuentos, formas de pagos o servicios a domicilio entre otros) en el momento de la adquisición de los correspondientes productos en tienda o servicios veterinarios.
- **Fidelizataria "la clínica veterinaria":** una de las herramientas más utilizadas en este tipo de contratos pasaría por el denominado fidescuento, definiéndose éste como un procedimiento que remunera al cliente con una reducción en el pago que realice a través de un porcentaje aplicado sobre el gasto mínimo comprometido. Dicho fidescuento se aplicará a través de la cuota del gasto que efectivamente

se va produciendo en proporción al valor actual de cada una de las transacciones producidas.

En sentido general, es un sistema que fideliza al cliente particularizando su consumo. El "fidescuento" tiene una clara semejanza con el "rappel", existiendo en el contrato un acuerdo sobre el volumen de ventas mínimos que el cliente adquirirá. (ej. 12 sacos de pienso durante el año a razón de una unidad al mes).

En ningún caso es un contrato de permanencia obligatoria, pero ambas partes deben cumplir lo pactado. Es un sistema poco generalizado en clínicas veterinarias pero con un potencial de uso muy atractivo.

Sistema de bonos canjeables o cupones tras llegar a un umbral.

El control interno de los consumos en los segmentos de clientes, permite agrupar los que gastan determinados volúmenes de dinero o efectúan compras puntuales de productos que deseamos estimular su rotación o simplemente tienen un cumplimento efectivo de los planes de vacunación. Para estos grupos diseñamos bonos canjeables y vencibles, ya sean por dinero o mejor aún, por descuentos en productos similares para estimular sus compras consecutivas.

Sistema de regalos directos, ofertas y premios personalizados.

Este sistema cumple los mismos principios antes descritos, pero el premio material para el cliente no es en metálico sino en productos útiles, regalos por la permanencia o alcanzar un esfuerzo considerable de compra.

Sería interesante obsequiar durante el lanzamiento de nuevos servicios y productos, a nuestros clientes con muestras gratuitas del mismo para que los disfrute, cree un interés futuro de adquisición y a la vez se sienta premiado.

También existen otros regalos que no necesariamente tienen que ser descuentos como puede ser el parking gratuito disponible, ya que es altamente valorado por la clientela.

Otorgamiento de derechos a compras y servicios extras o especiales a manera de descuentos.

Se premiará al cliente mediante descuentos en el precio, para estimular con ello, un alto volumen de compra efectuada por el mismo. El descuento puede ser un porcentaje o una cantidad fija del precio, preferiblemente en productos de próxima adquisición y con fecha de caducidad para acelerar la próxima compra. En ocasiones se puede emitir un vale de descuento para ello.

Participación en sorteos diseñados para clientes destacados.

La creación de sorteos, rifas, mini loterías o cualquier forma aleatoria o directa de premios es muy efectiva. Los clientes tienen predilección por los obsequios, si tenemos un grupo selecto de clientes y estos los subdividimos en 12 grupos (1 / mes) podemos cada mes o semanalmente premiar a clientes afortunados con obsequios y este sería un pretexto inteligente para contactarlo y hacer que visite nuestra clínica.

Planificación de eventos especiales.

Se organizan actividades para segmentos de clientes a través de las cuales se pretenden resaltar los vínculos emocionales. Los eventos más relevantes son: fiestas sorpresas, viajes, cenas, invitaciones a espectáculos o ferias, actividades deportivas u otras.

Programas de vinculación económica al centro.

Existen **planes de salud** (para mascotas geriátricas y/o diabéticas, cardiópatas entre otras) basados en la prevención sistemática, que nos permiten incrementar o mantener cierta calidad de vida o simplemente prever enfermedades en grupos de riesgo, así como **igualas** que son sistemas de descuentos masivos, ambos con el pago de una cuota mensual, bimestral o anual.

Este vínculo económico con la clínica proporciona cierto grado de fidelidad, pero solo es efectivo cuando se fortalece con las acciones antes descritas. La **financiación de los clientes** brinda una seguridad económica vinculante directa hacia el centro, **no recomendamos que los centros sean los financistas** ya que ese no es su objetivo económico empresarial, sino que sean un portal que enlace al cliente con aquellas empresas que garantizan la financiación monetaria, como pueden ser los bancos o las aseguradoras. Esto desgraciadamente es un error muy común en las clínicas, afectando sensiblemente con ello su tesorería.

Sistema de formación continuada.

Siempre existen grupos de clientes que se interesan por su mascota más de lo normal y otros que interactúan con un animal por primera vez en su vida. Estos segmentos de clientes agradecen aquellas charlas, seminarios o cursos de intercambios de formación gratuita donde se explique el uso y disfrute de productos, particularidades sobre enfermedades o de la raza en sí. Estos cursos deben valorarse económicamente, informárselos al cliente y ofrecerlos como una oportunidad única con un descuento del 100% por ser nuestro cliente.

Personalización de las áreas y los servicios del centro.

Crear una pequeña sala de juego para los hijos de los clientes o diseñar una sala de espera específica para animales más nerviosos, exóticos o felinos genera un vínculo que es muy agradecido por los propietarios. A menudo se nos escapan detalles que pueden ser muy valorados por un cliente y que nos permiten marcar la diferencia, por ejemplo: llamarle un taxi, recogerle o trasladarlo a nuestro coste a su casa a él y/o a su mascota, sobre todo si es una persona con imposibilidad de traslado o muy mayor de edad. ¡Es hacer algo tan sencillo como tener a su disposición un paraguas en días lluviosos!

Sistema de atención postventa.

Una vez atendida la mascota y en dependencia del tipo de servicios, debe existir una comunicación con el cliente y un seguimiento del tratamiento. Este sistema es útil tras procedimientos invasivos, grandes intervenciones quirúrgicas, tratamiento de mascotas graves que se hayan dado de alta y que siguen con su tratamiento en el hogar. También se emplea cuando vendemos un producto determinado y deseamos saber si les fue útil o tuvieron alguna dificultad.

Interactuar con el cliente nos permitirá corregir cualquier desviación que se cometiera en el servicio inicial y transmitir una imagen profesional muy acertada.

Aquí la **recepcionista** juega un papel primordial. Consiste en disponer de un centro telefónico de atención donde los clientes puedan resolver cualquier tipo de dudas sobre los productos adquiridos o que desean adquirir en la organización. En este caso se deberá prestar atención especial a la calidad del servicio telefónico o del chat on line, ya que dicha recepcionista será la cara de la organización a los ojos del cliente, por lo que jugará un papel importante en la percepción que el cliente tenga de la clínica.

Revista diseñada para los consumidores.

Las clínicas pueden editar una revista similar a las que cualquier cliente puede adquirir en su distribuidor habitual, salvo por la diferencia que este tipo de revistas están orientadas a los servicios que el centro ofrece y a educar al cliente con información de calidad y particularizada con los problemas que más afectan al centro o a la especie. Estas revistas deben enviarse mensualmente (o regularmente) a los clientes en cartera, de manera gratuita y de ser posible a su nombre con un mensaje personalizado, un extracto de las campañas así como las ofertas del mes.

Metodología para elaborar un plan de fidelización:

La fidelización a de ser la combinación de una serie de acciones coherentes a medio y largo plazo, y no una sucesión de acciones independientes a corto plazo. Un buen programa de fidelización requiere la reflexión sobre las distintas fases que conducen a su puesta en marcha, las cuales se detallan a continuación:

1) Establecer objetivos medibles.
2) Definir cuál será el segmento o el público objetivo.
3) Diseñar cuáles serán las características a implementar con el plan.
4) Elaborar una estrategia de comunicación.
5) Hacer un presupuesto y analizar su viabilidad.
6) Elaborar un cronograma de ejecución e iniciar la puesta en marcha del mismo.
7) Medición y cuantificación de los resultados.

Establecer objetivos medibles

Cuando se trabaja sobre la fidelización de clientes, se hace necesario plantearse objetivos a cumplir y preferiblemente que sean medibles. Ello permitirá realizar un diseño del plan de fidelización que no sea utópico ni demasiado amplio, con lo que contribuirá a concentrarnos sobre acciones concretas, por ejemplo:

- *Premiar a los clientes más antiguos del centro.*
    - ***Criterio de medida:*** *número de clientes activos con más de 5 años de antigüedad.*
- *Premiar a los clientes que más consumen nuestros servicios veterinarios.*
    - ***Criterio de medida:*** *número de clientes que consumen más de 300,00 € al año.*
- *Fortalecer la relación de los clientes de nueva incorporación.*
    - ***Criterio de medida:*** *en este caso, la percepción se pudiera estimar por el incremento en el consumo de servicios posterior a la implantación del plan. Las encuestas son herramientas útiles que nos proporcionan un grado de satisfacción del cliente.*
- *Incrementar la facturación media de los segmentos menos consumidores.*
    - ***Criterio de medida:*** *incrementar un 5% la facturación media por cliente activo.*
- *Celebrar el cumpleaños de las mascotas en el trimestre.*
    - ***Criterio de medida:*** *todas las mascotas que cumplen año o fueron incorporadas al centro desde el mes de enero hasta marzo.*

Definir cuál será el segmento o el público objetivo

Al definir los objetivos prácticamente se está predefiniendo cuál es el público o segmento a trabajar, aunque existen otras maneras de segmentar ha este público objetivo ya sean propietarios de avanzada edad, matrimonios con hijos o personas que viven solas entre otros. A menudo el público diana de nuestras campañas de fidelización suelen ser los clientes más activos y que reportan los mayores beneficios al centro. Es muy práctico concentrar los recursos en ese determinado segmento porcentual de clientes que generan el 80% del volumen de la facturación global de la clínica.

Diseñar cuáles serán las características a implementar con el plan

Una vez establecidos los objetivos del programa y a quién va dirigido, hay que definir las condiciones mediante las cuales vamos a beneficiar a los clientes elegidos. Se trata de un momento muy crítico, pues será necesario configurar una combinación de premios y beneficios que en su conjunto sean realmente valorados por los propietarios - clientes para que el programa tenga éxito.

Elaborar una estrategia de comunicación

Una vez definidos todos los aspectos técnicos, será necesario diseñar la estrategia comunicativa, es decir ¿cómo llevaremos nuestra propuesta de manera efectiva al cliente? Ya sea de manera directa cuando nos visite, a través de una llamada telefónica, servicios de mensajes cortos o SMS (Short Message Service), correos u otras formas de comunicación.

Hacer un presupuesto y analizar su viabilidad

Será necesario determinar qué costo tendrán las acciones de fidelización que estoy decidiendo, el cual estará presupuestado y racionalmente debo ceñirme a este. En los casos de ofrecimientos de descuentos, debo agregar el número de unidades o servicios que venderé de más para cubrir dicha inversión en el tiempo. En sentido general encontramos diferentes grupos de gastos en el plan de fidelización:

- Gastos derivados de las características del plan (regalos descuentos y otros).
- Gastos en publicidad y comunicación.
- Gastos en tiempo, dedicado al diseño, elaboración y puesta en marcha del plan.

Elaborar un cronograma de ejecución e iniciar la puesta en marcha del mismo

El cronograma es tan importante como el resto del proceso ya que debemos elegir el momento óptimo para enviar la publicidad a los clientes, así como la frecuencia más adecuada sin llegar a saturar a los mismos. Se pueden diseñar muchos pretextos y motivos por los que premiamos a un cliente fiel tales como: aniversario del centro, año nuevo, inicio de temporada o haber alcanzado una facturación determinada entre otros. La implantación tendrá un período de inicio y una culminación, excepto para aquellos planes de fidelización que permanecen en el tiempo.

Recordemos que aunque tengamos definido un plan general, debemos realizar sistemáticamente acciones coordinadas a segmentos específicos diferentes, dado a que no es justo tratar por igual a clientes exclusivos, regulares, ocasionales y/o esporádicos.

El apoyo comunicacional es importante para informar sobre la existencia y características del programa, pero normalmente serán los propios veterinarios los que ofrecerán a sus clientes la adhesión a los interesados. Recomendamos como óptimo, ofrecérselo cara a cara, en persona.

Medición y cuantificación de los resultados

Durante esta fase evaluaremos el cumplimiento de los objetivos según el criterio de medida preestablecido, ello nos permitirá corregir con acciones concretas las desviaciones puntuales de los objetivos no alcanzados.

Cada impacto a un cliente es un coste de oportunidad

Diseña un mapa de impactos por segmentos de clientes y por tipo de publicidad. Si analizáramos los impactos promocionales que tienen nuestros clientes mensualmente, fruto de todos los programas de fidelización a los que está acogido o no, quedaríamos sorprendidos de la saturación de premios y ofertas.

Dado a que no disponemos de ese dato, midamos tan solo como les saturamos nosotros, y nos daremos cuenta que en ocasiones están sobre premiados y pasamos el umbral de eficiencia de la promoción o el plan. Por lo tanto, es clave medir la eficiencia promocional en los programas de fidelización, es decir ¿cada cuántos impactos publicitarios obtengo una respuesta positiva?, ya sea a través del agradecimiento personal, repetición de las compras o del consumo del sistema de estímulos otorgado por el programa de fidelidad.

En la siguiente tabla podemos apreciar como lo clientes 1, 2 y 3 son sometidos a 4 publicidades diferentes (A, B, C y D), donde el signo (+ o -) en la fila de clientes, significa si fueron o no expuestos a la publicidad, y en la fila del cumplimiento del objetivo significa si se cumplió o no el objetivo publicitario previsto (ej. Publicidad A: objetivo, consumo de un producto X).

Tabla # 10 Ejemplo de un registro de impactos y su efectividad.

Código del cliente	Impactos promocionales				**Resp. (+)**	**Eficiencia (%)**
	A	B	C	D		
Cliente # 1 984585	+	+	-	-	1/2	50%

Cumplimiento del objetivo	+	-	-	-		
Cliente # 2 984586	+	+	+	+	3/4	75%
Cumplimiento del objetivo	+	+	-	+		
Cliente # 3 984587	-	+	+	+	3/3	100%
Cumplimiento del objetivo	-	+	+	+		
Resp. (+)	2/2	2/3	1/2	2/2	7/9	77,7%
Eficiencia (%)	100%	66%	50%	100%		

Como bien se observa, una misma estrategia de fidelización o publicidad (A vs B vs C vs D) no tiene el mismo efecto sobre todos los cliente expuestos. Con la elaboración de este mapa por clientes nos percataremos del volumen de publicidad que le enviamos a nuestra cartera de clientes y que en determinados subgrupos de clientes la eficiencia de un tipo de acción publicitaria es mayor que en otras, ello nos permitirá a su vez micro segmentar el propio segmento en sí mismo y enviar a cada uno el tipo de publicidad más efectiva en función de resultados medibles.

Personalización de la atención

La personalización desde el punto de vista de la atención correcta al cliente, va enfocada a dirigirnos a éste por su nombre (ampliamente recomendado), donde se exhorta a recordarse de aquellos aspectos que ya conocemos de él por relaciones comerciales previas y a estudiarse debidamente la historia clínica de la mascota antes de su consulta. No obstante, hemos de verlo desde un enfoque más amplio y ofertar a cada propietario aquel producto o servicio que mejor y más adecuadamente se adapte a sus necesidades, posibilidades económicas y expectativas "a través de este trato se busca clientes satisfechos a la medida".

Como cabe esperar, esta satisfacción personalizada hace necesario que se involucre y participe activamente el cliente, con la finalidad que sea éste quien marque las pautas de lo que necesita realmente, debido a esto, debemos profundizar en su estado de acomodamiento y recabar en su necesidad, permitiendo a su ritmo, dejar que guíe el proceso. En caso contrario, es decir, si no se involucra directamente al propietario, estaríamos cayendo en el eterno problema de las clínicas que ofrecen de forma unilateral servicios o producto de bajo valor para el cliente sin realmente satisfacer sus necesidades o gustos.

En muchas ocasiones el cliente se pudiera sentir agobiado o transgredido por la acción de venta directa y rehuir de nuestro servicio. Recordemos que a nadie le gusta que le vendan servicios en sí, el cliente lo que desea son beneficios para sí mismo y su mascota, no le interesa para nada el bienestar económico de la clínica.

Personalización de la oferta

No debemos confundir la personalización de la oferta con un trato personal. Un producto puede estar personalizado a las necesidades de un cliente, aunque para su venta no ha tenido por qué existir trato personal o contacto personal con el mismo.

Por último, si deseamos enlazar el concepto de personalización con fidelización, tendremos que indicar que la personalización de la oferta será un importante aspecto en la satisfacción del cliente, siendo este último factor un elemento que podríamos vincular directamente con la propia fidelización. Por ejemplo, si tenemos un propietario de gato y esta mascota a su vez tiene una edad avanzada, ofertémosle productos específicos para gastos seniles, a él no le interesa una castración, ni descuentos en collares de perros.

"La fidelidad es el esfuerzo de un alma noble para igualarse a otra más grande que ella"

Johann Wolfgang Goethe

RESUMEN

En este capítulo, describimos las principales acciones de fidelización que al implementarse con profesionalidad generan un vínculo real y efectivo con los propietarios de mascotas, además proponemos una metodología para elaborar un plan de fidelización y un mapa de impactos publicitarios en un centro veterinario.

CAPÍTULO 7.

¿CÓMO ESTIMULAR LA ACTIVIDAD Y LA FRECUENCIA DE VISITAS DE LA CARTERA DE CLIENTES?

Definimos a un **cliente activo** como aquel que es capaz de realizar alguna transacción económica en el centro al menos en los últimos 365 días. Existe un grupo reducido de clientes en cartera que a pesar de no realizar dicha transacción económica, visitan el centro periódicamente en busca de información útil, por lo que realizan una transacción de información y no se desvinculan del centro en sí.

Será entonces un **cliente cualificado o tamizado** aquel cliente activo, propietario de una mascota básica o no, que contribuye con sus ingresos anuales a generar el 80% de la facturación del centro. Por lo tanto, un **cliente inactivo** es aquel que no cumple la condición de activo y es el candidato perfecto a ser captado por otro centro.

El análisis de la frecuencia en las visitas de un cliente, no debe estar desligado de la evaluación de su actividad, debido a que no solo necesitamos que este consumidor efectúe al menos una transacción anual, sino que estas sean frecuentes, contribuyendo con eso a rentabilizar su captación y fidelización en el tiempo.

Dicho esto se hace necesario responder una interrogante común para muchos gerentes – propietarios:

¿Cuál será la actividad y la frecuencia de visitas óptimas?

Ante todo, debemos analizar cómo funciona la actividad de dicha cartera de clientes, recordando su contribución a la fórmula de la fisiología de la rentabilidad del centro, la cual está dado por:

Número de clientes o fichas activas x Frecuencia media de visitas *x Ingreso medio por visitas*

Hasta ahora, hemos descrito múltiples herramientas, sistemas y metodologías de trabajos que siendo aplicadas correctamente contribuirán a captar, incorporar, fidelizar, segmentar y monitorizar a los clientes, utilizando para estos últimos, indicadores medibles. Ha llegado la hora de describir cómo estimular el consumo de esta actividad, pero debemos saber que ningún proceso "fisiológico" en sí, es posible modificarlo o estabilizarlo, sin el debido conocimiento a profundidad del mismo.

Con las acciones descritas en los capítulos anteriores, se contribuye rápidamente a incrementar la actividad de la cartera siendo esto parte del sistema de trabajo a incorporar en nuestra clínica veterinaria. Sería ideal y necesario **mantener el 100% de los clientes activos en nuestra clínica**, pero ello en la práctica no es posible y muchos centros se sostienen hoy día con apenas dos terceras partes de sus clientes activos. Consideramos una clasificación aceptable, teniendo solo en cuenta la actividad de la cartera como:

1. Eficientemente gestionada: entre un 76-100% de clientes activos.
2. Medianamente gestionada: entre un 51-75% de clientes activos.
3. Mal gestionada: entre un 25-50% de clientes activos.
4. No gestionada: menos del 25% de clientes activos.

Por lo tanto, teniendo en cuenta estos indicadores, proponemos como criterios de una gestión eficiente de la cartera, alcanzar de un 65 - 85% de actividad en cada cuatrimestre hasta obtener al menos 3 vistas al centro por año del 70 - 85% de la clientela, a razón de un 33,3% de ingresos por cuatrimestre y un gasto medio por visitas entre 50,00 y 90,00 € (2 a 3 veces el precio de consulta). Estos ingresos en la práctica fluctúan por causas ajenas a nuestro control tales como: temporada, época del año, tendencias, particularidades locales y otras que en la medida de lo posible debemos ponderar.

Los servicios comerciales como la tienda, deberían tener una actividad más frecuente que los servicios clínicos, ideal al menos una vez por mes, aunque de 8 - 10 visitas por año es suficiente, por otro lado los servicios de peluquería deben tener al menos una visita cada 3 o 4 meses.

Todo esto es únicamente posible, con un adecuado plan de marketing y una estrategia comunicativa acertada. Por supuesto, para ello debemos centrar nuestros esfuerzos en tener un número crítico de clientes (más que por su cantidad, preferiblemente por su calidad).

En zonas donde el ingreso medio es bajo, los esfuerzos deben estar encaminados a incrementar la frecuencia de visitas y disminuir la facturación por clientes, para que este necesariamente no tenga que desembolsar de una sola vez altas cantidades de dinero, esto incrementará los costes y el desgaste del personal será mayor, por lo tanto la proporción cliente - veterinario deberá ser un 20% superior a la propuesta.

Cantidad y calidad de los clientes

Existe una proporción a menudo discutida entre clientes necesarios por veterinario en un centro, aunque ello dependerá entre otras cosas del:

- Nivel de gastos que estos clientes sean capaces de incurrir en la clínica.
- El tipo de centro veterinario, su estrategia competitiva y los recursos tecnológicos que se dispongan.
- La especie con la cual se trabaje y el tipo de servicios clínicos que se practiquen.
- El nivel de vida de la zona y su poder adquisitivo.
- La adecuada gestión del tiempo, la productividad y el costo del minuto veterinario.
- La optimización y la gestión eficiente de la cartera de clientes.
- Estrategia de marketing y fidelización sobre el consumo por cliente.
- La captación óptima de clientes cualificados debidamente tamizados.
- La relación afectiva cliente - mascota así como su grado de concientización hacia un servicios veterinario imprescindible.

Estos aspectos en interacción, determinan si una relación **cliente / veterinario** será la ideal o no pero este tema en particular lo describiremos en el próximo capítulo.

Los clientes en un centro veterinario pueden tener una frecuencia de visitas totalmente dispar y heterogénea, siendo más protagónica en unos que en otros. No basta con alcanzar que dicho cliente sea activo, tenemos que lograr que de manera homogénea visiten el centro en múltiples ocasiones, y una vez en este, hemos de conseguir que consuman algún servicio y/o producto.

Analizando exclusivamente la frecuencia, encontramos como un criterio "ideal", perfectamente alcanzable, a los clientes inactivos en una proporción del 25% y activos al menos un 75%, de estos últimos, existen seis grupos de clientes en cartera, estos son: clientes con una, dos, tres, cuatro, cinco y más de cinco visitas al centro durante todo el año. En la siguiente figura presentamos una proporción óptima, según las frecuencias de visitas medias a un servicio veterinario y mostramos por primera vez un flujo de clientes en cartera de una clínica veterinaria tipo, teniendo en cuenta siempre los aspectos enunciados con anterioridad que afectan la actividad y la frecuencia.

Figura # 11 Proporción de clientes en cartera según su frecuencia y actividad en el ciclo anual de evaluación.

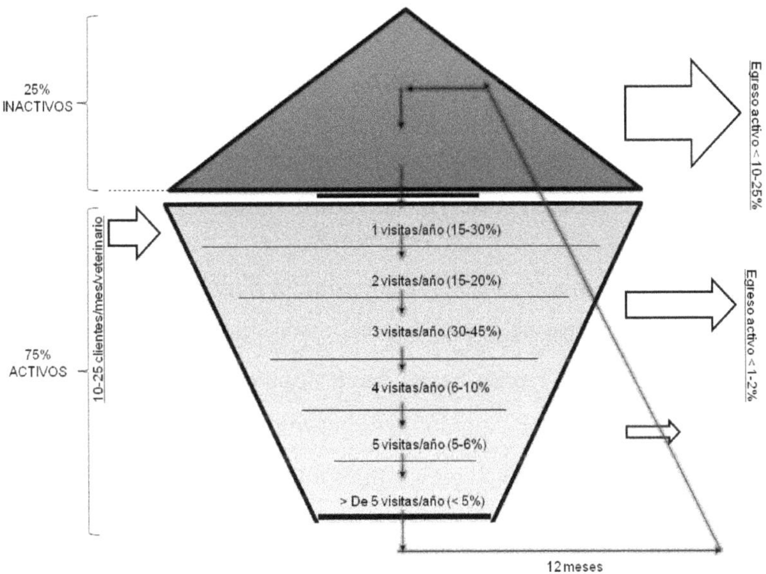

Si nos percatamos en la figura, sería deseable que una amplia mayoría de los clientes, entre un 45% - 65%, tengan tres o más visitas al centro y un 30% - 50% se enmarquen en tan solo una o dos visitas.

No existe un traje a la medida para cada centro y estas proporciones estarán, en estrecha relación a la facturación media por cliente y a otros factores externos e internos a la clínica, sobre todo por el tipo de estrategia implementada y por supuesto en relación a las mascota básica predominante, debido a que los animales exóticos y felinos no tienen la misma frecuencia media de visitas que los caninos por ejemplo.

Para los casos particulares de centros u hospitales veterinarios especializados en urgencias, la frecuencia será totalmente distinta, debido a que los clientes tendrán un carácter transitorio. En estos casos se debe evaluar la frecuencia de envíos de casos por las clínicas y a su vez implementar una adecuada política de comunicación con las correspondientes gerencias de los centros.

A continuación mostramos un resumen de las acciones, que una vez instauradas, contribuyen a incrementar que los clientes visiten más el centro anualmente:

1. Protocolo de conducta y actuación del veterinario ante los clientes.
2. Estrategia de concientización y educación de los clientes.
3. Sistema integral de recordatorio y avisos (3Rs) por contacto directo.
4. Plan de facilitación y financiación de pagos al cliente.
5. Análisis y estudio estratégico de las necesidades por grupos de clientes.
6. Campañas y promociones diseñadas y dirigidas a segmentos de clientes.
7. Planes de promoción, posicionamiento y difusión regional.
8. Campañas de ofertas generales y personalizadas a corto plazo.
9. Campañas de concientización enfocadas a la prevención.
10. Diseños de protocolos de actuación y estrategias de negociación de precios con propietarios.
11. Potenciar servicios y adecuar precios a pacientes crónicos que incrementen la dependencia hacia la clínica.
12. Preparación y educación de los trabajadores en función de incrementar compromiso clínica – clientes.
13. Diseño de protocolos de seguimiento a pacientes sanos en segmentos de riesgo.
14. Incrementar el acceso a la clínica. Colaborar con la necesidad de desplazamiento y facilidades de aparcamiento.
15. Facilitación y adaptación de los horarios a las necesidades de los clientes
16. Sistema integrado de motivaciones al consumo " necesidad - provocada"

Solo comentaremos algunos aspectos generales debido a que durante el transcurso del texto ya hemos desarrollado estas acciones de una manera u otra.

La reactivación de clientes inactivos, es imprescindible para desempolvar los clientes adormecidos por la vorágine diaria de la propia vida. Sin duda alguna, los clientes repetitivos son más baratos que los nuevos. Venderle nuevamente a un cliente actual es mucho más sencillo y económico que tratar de ganar un nuevo cliente.

Protocolo de conducta y actuación del veterinario ante los clientes:

Maneja toda la correspondencia en el lenguaje formal, con un saludo personal y trata de establecer una relación profesional respetuosa y siempre en función de satisfacer la primera necesidad por la que ha venido a solicitar nuestros servicios. Tener un protocolo, permite implantar patrones de conducta y comunicación acordes para cada situación, por ejemplo: una **primera consulta** o **consulta de cachorro** totalmente diferente a una visita común de revisión, en esta primera consulta comunicaremos nuestro sistema de trabajo y avisos, le mostraremos el centro, tomaremos todos sus datos y emplearemos suficiente tiempo (30 - 55 minutos) para fortalecer este primer contacto.

Estrategia de concientización y educación de los clientes:

Se hace necesario educar al cliente, pero más allá que brindar conocimientos, se debe crear una concienciación de la necesidad de disfrutar de un servicio veterinario con un componente preventivo importante en cuanto a las vacunaciones, desparasitaciones, revisiones, limpieza de oídos y cavidad oral, baños periódicos en zonas con ambientes cargados de alérgenos, dietas hipo alérgicas y todos los servicios clínicos relacionados con la prevención de enfermedades que incrementen la calidad de vida. Son muy útiles las afiliaciones a planes de salud personalizados.

Sistema integral de recordatorio y avisos (3Rs) por contacto directo:

Utiliza la información almacenada, en la cartera (ej. datos de contacto y consumo entre otros) para enviar alertas relevantes y específicas de cada producto o servicios nuevos. De ser posible, crea mensajes a la medida para cada cliente o grupos de clientes diana, explicando por qué les gustaría nuestra nueva oferta. Recordemos que **el 70% de las citas a un centro provienen del sistema de recordatorio implementado,** por lo que debemos centrar nuestros esfuerzos en el cumplimiento del cliente y en aplicar las herramientas más efectivas para ello.

A los clientes inactivos, debemos enviarles información por todas las vías posibles y mostrarles la preocupación de nuestra parte por revisar su mascota, explicándole la necesidad de que asista al centro lo más rápido posible, o si prefiere le buscamos su mascota en el hogar. El contacto directo del veterinario es una opción muy válida una vez que se le ha comunicado y no reacciona.

Todos los clientes que visiten nuestro centro deben llevarse consigo una de las “3 Rs” si queremos asegurar un retorno efectivo, es decir:

R1) Recheck [Re- Visita de seguimiento]

R2) Recall [Re-Rellamada de seguimiento]

R3) Reminder [Re-cordatorio]

R1: si los problemas de salud aún no están solucionados o es un paciente crónico, debemos en el transcurso de la consulta programar la próxima visita de seguimiento. El cliente no tiene ni el conocimiento ni la responsabilidad para emitir un alta hospitalaria, y aunque le demos el alta nosotros mismos, debemos trasmitirle la necesidad de realizar visitas de seguimiento para evitar problemas mayores, haciendo mayor énfasis en los pacientes sanos.

R2: la re llamada está justificada siempre y debe estar planificada en un "plan semanal" que establezca una cifra razonable de clientes a contactar en un ciclo cuatrimestral. Además el veterinario debe, antes que el cliente salga de la consulta, informarle que le llamará para comprobar la salud de su mascota.

R3: la recepcionista debe aprender y estar capacitada para cerrar citas y visitas de seguimiento, utilizando para ello estrategias comunicativas. El recordatorio puede ser un momento crucial para acelerar las visitas de los clientes al centro y deben implementarse de manera integral ya sea por vías automatizadas: mensajes de texto (SMS), sistema de mensajería multimedia (MMS) "Multimedia Messaging System", correos electrónicos o mensajería instantánea entre otros. En estos casos es preferible establecer un contacto más personalizado y cercano (cartas directas y llamadas personales).

Invertir tiempo en la atención directa:

Se hace necesario después de haber recibido el servicio veterinario, comprado en nuestra tienda o visitado nuestra peluquería, llamar al cliente y preocuparnos por el bienestar de su mascota. Esto podría parecer básico pero no lo es, muchas clínicas concentran todos sus esfuerzos en la etapa de pre-venta y venta pero no invierten tiempo y dinero, para asegurarse que el cliente está satisfecho con la atención. ¡Pudiera parecer obvio, pero les sorprendería saber cuántas clínicas veterinarias no mantienen comunicación con sus clientes!

Mantener el contacto periódico:

Preparar de manera sistemática ofertas especiales y diferentes que inciten el consumo, ofreciendo por ejemplo, un descuento o una oferta de tres artículos por el precio de dos, a los clientes existentes. Además, pruebe y ofrezca nuevos productos o servicios gratuitos, que si luego no optan por comprarlos, estarán encantados de que hayas pensado en ellos.

Agregue su sello personal:

Sea detallista, piense en pequeñas acciones que pueda hacer para reconocer a los clientes existentes, podría enviar una postal con la foto de su mascota y la clínica agradeciéndoles su permanencia. Existe una necesidad humana básica en la mayoría de la población, de ser recíprocos con aquellas personas que tienen detalles afectuosos o nos obsequian algo, ¿por qué no potenciar esto?

Convirtamos la "empatía" como parte de nuestro deber cada día:

Tener la capacidad de pensar y sentirse como clientes, es algo realmente difícil pero necesario para ofertar un producto a la medida. Ello a su vez, nos obligará a evaluar qué necesita cada paciente, o simplemente razonar como el propio cliente y de esta manera educar e informar oportunamente a los propietarios (nuestros clientes) sobre los riesgos potenciales "nicho de necesidades" que este desconoce. Esto nos conlleva a ser más profesionales y éticos en nuestros objetivos de marketing.

Continúe re - evaluando sus servicios constantemente:

Aún dándole a los clientes un tratamiento óptimo, todavía le pueden abandonar o simplemente caer en un estado al que denominamos "hibernación al consumo" o "estado de comodidad", donde el cliente deja de ir a nuestro centro y se conforma con la situación actual de su servicio porque no somos capaces de ofertarle nada atractivo a sus necesidades.

Innove, sea creativo y genere:

La oferta de nuevos servicios siempre es un atractivo para visitar nuestro centro, sobre todo cuando lo publicitamos bien. Estos deben nacer como el resultado de una nueva necesidad o un reclamo de nuestra clientela (ej. consulta o asesoramiento familiar a domicilio por trastornos de la conducta).

Incremente el valor añadido en sus servicios y aprenda a comunicarlo bien:

Hay un valor agregado en cada centro que se refleja finalmente en el precio y sin embargo no somos capaces de comunicárselo adecuadamente a nuestros clientes y este pudiera percibir nuestro servicio como demasiado caro, sin tener la adecuada cualificación para evaluarlo. Es por ello que debemos constantemente transmitir aquello que él no es capaz de palpar y a menudo dan lugar a un conflicto cuando se adquieren productos similares en ventas por Internet u otros centros que desean competir por precios bajos. Comuniquémosle la razón por la cual nuestro centro es su mejor elección, por ejemplo:

- ✓ Tener el respaldo de un equipo profesional y tecnológico.
- ✓ La seguridad de que los medicamentos y las vacunas han mantenido su cadena de refrigeración y una calidad óptima.
- ✓ La posibilidad de disponer de un servicio de calidad las 24 horas los 365 días del año.

- ✓ Contar con los últimos protocolos de actuación a nivel mundial.
- ✓ Disponer de experiencia en el servicio clínico veterinario.
- ✓ Garantías de devolución íntegra de su dinero si no está satisfecho.

Comunicarse adecuadamente con el cliente, es tan importante como aplicar un tratamiento certero, para que este a su vez no tenga una distorsión de la realidad y sea consciente de la razón del precio por este servicio.

Estudie y evalúe las causas de no retorno de los clientes directos:

Existen muchos clientes que solo visitan la clínica una vez y luego no regresan, las causas pueden ser muchas pero lo más inteligente es evaluar por qué no quieren volver.

Una vez identificadas las causas, podremos corregir la posible insatisfacción con el servicio e implementar acciones de recuperación en función de los motivos del no retorno.

Crear un manual de respuestas oficiales:

Una gestión no adecuada de la recepción telefónica nos hace perder miles de visitas al año y estoy siendo discreto cuando afirmo esto. Una llamada mal atendida, proyecta una imagen de falta de rigor, desorden y escasez de profesionalidad.

Existe un grupo de preguntas frecuentes "estándar" que se realizan periódicamente en una clínica veterinaria, ¿por qué no tener respuestas profesionales estandarizadas preparadas también?

Un teléfono bien empleado, es una herramienta de captación, emisión de información y educación de clientes, además de contribuir a la venta activa de productos o servicios. ¡Invite a venir al centro y nunca consulte a un cliente con una mascota enferma a través del teléfono!

"Una de las señales más claras de que una relación anda mal o se está deteriorando, es la falta total de quejas por parte de los clientes. Ninguna persona está siempre totalmente satisfecha, y menos durante un largo período. O el cliente no está siendo sincero, o nadie se ha puesto en contacto con él"

Theodore Levitt

RESUMEN

En este capítulo, describimos las acciones más efectivas para reactivar los clientes inactivos en un centro veterinario. Establecimos indicadores óptimos de gestión de dicha actividad así como ilustramos un flujo de clientes en cartera.

CAPÍTULO 8.

EVALUACIÓN DEL CONSUMO Y EL INGRESO MEDIO POR CLIENTES ACTIVOS Y SUS INDICADORES BÁSICOS DE CONTROL

Hasta aquí hemos evaluado la actividad y la frecuencia de las visitas de los clientes a nuestra clínica, pero ello solo es válido si somos capaces de relacionarlo con los ingresos que efectúen dichos clientes. De nada vale que nos visiten todo el año si apenas se gastan el dinero en nuestros servicios veterinarios y es por ello que debemos evaluar constantemente una serie de indicadores medibles que nos ilustran que situación tenemos al respecto.

Debemos aclarar, que la mayoría de los propietarios, veterinario o gerentes se concentran exclusivamente en estos parámetros para auto evaluar su funcionamiento y es por ello que intencionadamente lo dejamos para el último capítulo, debido a que se hace necesario efectuar las acciones anteriores antes de contabilizar cuánto hemos facturado y a sabiendas que **una alta facturación no necesariamente representa un gran beneficio para nuestra clínica.** Dicho esto, comenzamos a enumerar algunos indicadores imprescindibles para controlar y evaluar la gestión de nuestra cartera de clientes desde el ángulo de la facturación de los clientes.

¿Cuánto dinero debe facturarse por cliente activo para que una clínica veterinaria sea sostenible y no tenga pérdidas?

En las clínicas veterinarias se debe tener en cuenta lo que se denomina el punto de equilibrio o umbral de rentabilidad (en inglés break even point – BEP) es el número mínimo de unidades o servicios veterinarios que una clínica necesita vender para que el beneficio en ese momento sea cero, es decir, cuando los costes totales igualan a los ingresos totales por venta y la clínica no pierda dinero ni obtenga beneficios.

Se calcula dividiendo el **coste fijo diario del centro** “lo que denominamos como coste de apertura”, entre **el margen de contribución** (ingreso medio menos el coste variable medio) por visita médica.

Como un centro veterinario brinda servicios múltiples en clínica, tienda o peluquería y no vende un solo producto en sí, la mejor manera de determinarlo es concentrándose en el servicio veterinario y su producto estrella, que es generalmente la **consulta ordinaria,** donde el cliente efectúa un ingreso medio (consulta + servicios ofrecidos) y este es muy sencillo de calcular, siendo un extracto muy fiable de los costes totales, el **coste de apertura diaria del centro**. Para que sea más comprensible analicemos el cálculo:

> ***Ejemplo:*** *una clínica veterinaria que trabaja 270 días al año y tiene un coste de apertura de 250 € / día.*
>
> PE= El Punto de equilibrio es igual al coste de apertura / margen de contribución que genera cada consulta con sus servicios.
>
> Coste de apertura diaria: 250 €.
>
> Margen de contribución: 36 €.
>
> PE= 250 / 36
>
> PE= 6,94 consultas ordinarias / día

El coste apertura se calcula de manera sencilla. Tomamos todos los costes fijos anuales del centro (luz, agua, alquiler, salarios entre otros) y los dividimos entre los días de servicios que abrimos la clínica anualmente (240 - 270 días, excepcionalmente algunos centros abren los 365 días).

Mientras que el margen de contribución se calcula tomando el ingreso medio por visita médica (el promedio de dinero que se gastan los clientes en la consulta) y restándole los costes variables medios, que son aquellos costes que no son fijos y a los cuales durante el proceso de consulta y/o diagnóstico incurrimos.

> ***Ejemplo:*** *un ingreso medio por visita médica de 60 € con unos costes variables del 40%, implica que tenemos un margen de contribución del 60%(36 €).*

El poder determinar el PE, nos permite saber cuántas visitas de tipo médico (cobradas) tenemos que realizar cada día exclusivamente para cubrir nuestro coste diario de apertura, generalmente se da por número de consultas mínimas al día.

Por lo tanto necesitaremos realizar al menos 6,94 ≈ 7 consultas diarias con una facturación media mínima de 60 €, solo para cubrir los costes de apertura durante ese mismo día y anualmente deberemos facturar durante los 270 días de trabajo 112.428 € solo para cubrir gastos. Hemos de señalar que los servicios comerciales (tienda, peluquería y otros) contribuyen a incrementar los ingresos medios por lo que la cifra pudiera disminuir si la incluimos en los ingresos totales.

Explicado esto, el ingreso medio por cliente debe ser al menos 60,00 € por consulta / día, si fuera inferior se deberían incrementar entonces las consultas diarias y así sucesivamente, trayendo consigo un mayor desgaste humano, de equipos y recursos, debido a esto aunque ingresemos diariamente 500,00 €, teniendo una facturación media baja por cliente sobre los 30,00 – 40,00 € (clínicas que cobran muy poco por sus servicios) los gastos fijos están presentes e inclusive los variables se incrementarían más aún (50 - 70%) por lo que su margen de contribución se minimizaría y necesitaríamos al menos efectuar unas 20 - 21 consultas por veterinario al día, una cada 24 minutos en 8 horas de trabajo sin detenerse tan siquiera a comer, para lograr esta cifra que casi siempre va en detrimento de la calidad del servicio y humanamente no es posible dado a que la productividad media oscila en un 60 - 65% del tiempo.

Lo razonable no estará siempre en tener un coste de apertura bajo, un incremento de los días laborables sacrificando el tiempo mínimo libre con la familia y nuestras vacaciones, o trabajando más de 12 horas diarias, como hacen la mayoría de los propietarios (auto empleados) y mucho menos "tirar" los precios con una facturación media reducida, sino evaluar cuál será mi punto de equilibrio y a partir de ahí unido a una estrategia competitiva bien implementada diseñar las acciones con la cartera de clientes que permitan lograr la supervivencia de la clínica y a la vez obtener beneficios, que es en realidad nuestro objetivo primario.

Razonando con lógica, mientras mayor sea la facturación media más posibilidades tenemos de alcanzar nuestro punto de equilibrio y solventar los costes de apertura. Por lo tanto, debemos instaurar políticas que permitan incrementar el gasto medio por cliente en nuestros servicios.

Siguiendo el ejemplo anterior, para proponerles una cifra evaluable y cuantificable, tendremos en cuenta un cliente - propietario de un perro o gato que sea capaz de gastarse en un centro veterinario ya sea entre alimentos, productos complementarios de tienda, servicios de peluquería y atención veterinaria un promedio de 12,50 a 22,50 € al mes (50,00 – 90,00 € / cuatrimestre) y atendido este por un servicio veterinario con un salario bruto medio bajo entre 1200 - 1800 € / mes. Para esto serán necesarios al menos:

- 1.000 clientes en cartera / veterinario fijo al año
- 750 clientes activos / veterinario fijo al año
- 300 - 450 clientes cualificados / veterinario fijo al año

Hemos de aclarar que no podemos aspirar a gestionar una clínica veterinaria con un salario medio tan bajo. Existe una proporción óptima de veterinarios – personal auxiliar (1:2) y esta no se cumple en muchos centros veterinarios, por lo que pretendemos que este, realice labores técnicas de baja facturación, además de la atención clínica, ello debería cambiar en un futuro inmediato.

En dependencia del nivel de los ingresos medios por clientes (55,00; 65,00; 75,00 o 90,00 € por visitas) y siguiendo los patrones de actividad propuestos, hemos elaborado esta tabla que ilustra la distribución porcentual de pacientes por número de visitas "ideal" en relación a su ingresos.

En este caso, proponemos que el 70% o más de los ingresos deben estar concentrados en los clientes que tienen 3 o más visita con una facturación media entre 55,00 – 90,00 €.

Tabla # 11 Niveles de ingresos medios y distribución óptima de clientes por número de visitas.

Visitas	% de pacientes	Ingresos medio anual / cliente (€)				% de ingresos
		55	65	75	90	
1	15%	55	65	75	180	30%
2	15%	110	130	150	270	
3	45%	165	195	225	360	70%
4	10%	220	260	300	450	
5	9%	275	325	375	540	
>5(ej.7)	6%	385	475	525	630	

En la actualidad, la mayoría de los centros veterinarios solo tienen de un 15 a 35% de los clientes que realizan más de tres visitas por año y generan desde un 40 - 75% de la facturación, y otro grupo de clientes que solo visitan la clínica 1 - 2 veces por año y generan el 15 - 30% de la facturación, siendo este último un volumen de facturación importante.

En ambos casos, la prioridad será concentrar nuestras acciones de marketing directo en aquellos clientes que generan la mayor facturación (70 - 90%) en el centro.

Ingreso medio por transacción o ticket

Este indicador permite saber dónde se efectúan las transacciones o ventas más importantes en la clínica, el cual puede ser determinado a través del ticket de compra. Se calcula dividiendo la facturación media entre los servicios prestados o ventas efectuadas o cerradas. La clínica, la tienda y la peluquería tendrán ticket medios diferentes y ello nos permitirá detectar cuales son los productos y servicios que generan la mayor facturación.

Por lo tanto, su interpretación estará justificada para detectar cuáles son los servicios o productos estrellas que generan la mayor facturación y/o rotación, **¿actualmente usted conoce los suyos?**

Será muy importante realizar una lista de todos los productos y servicios vendidos vs adquiridos en el año, ello nos permitirá realizar un A, B C, para cuantificar y detectar aquellos productos estrellas, véase el ejemplo:

A= 20% de los productos más vendidos en cantidad de unidades.

B= 30% de los productos y servicios vendidos.

C= 50% de los productos restantes.

Realizado este sencillo procedimiento, veremos que los productos enmarcados en el grupo A concentran del 70 – 80% de la facturación total del centro y es en estos donde debemos concentrar nuestra mayor atención.

Ingreso medio por cliente activo (IMCA)

Se obtiene a través de la división de la facturación total entre el número de cliente activos que han visitado el centro en los últimos 365 días:

IMCA = Facturación total / Clientes activos

Nos permite evaluar de manera global cuánto volumen de dinero se está facturando (clínica + tienda + peluquería) por cliente activo. Proponemos como cifra mínima óptima, no menos de 270,00 € por cliente activo al año. Aunque si tenemos en cuenta el conjunto de los servicios en las clínicas veterinarias de tipo sanitario - comerciales existe un potencial de 500,00 € / cliente activo (270,00 € clínica + 150,00 € tienda + 80,00 € peluquería) al cual debemos aspirar.

A continuación, les proponemos un grupo de indicadores de referencia “ideales”, que pudieran ser útiles para auto evaluar una clínica veterinaria en relación a los ingresos medios por cliente, para un veterinario fijo con dos asistentes técnicos veterinarios (ATVs):

Tabla # 12 Algunos indicadores de referencia para evaluar los ingresos por cliente al centro.

Indicadores en relación al ingreso	Cifra
Cartera de clientes / Veterinario	1.000
Clientes activos (≥75%)	≥750
Clientes inactivos (≤25%)	≤250
Clientes tamizados (generan 80% facturación)	150-375
Facturación potencial según estos clientes activos (€)	> 180.000 €
Facturación del 80% (% clientes)	20-50%
Facturación media por cliente activo	270-290
Facturación media / veterinario	>200.000 €
Veterinarios trabajando (1800 € / mes / 14pagas/65% de eficiencia)	1
ATVs (1.000 € / mes / 14pagas / 65% de eficiencia)	2
Facturación media / veterinario / día (235-270 días laborables)	440-1.000 €
Facturación media / veterinario / hora (8h)	55-125 €
Facturación media / veterinario / minutos	1,80-2,00 €
Costo minuto veterinario	1,20-1,50 €
Impuesto al valor añadido (%)	21%
Margen del beneficio (%)	15%
Precio mínimo objetivo / por minuto veterinario	1,80-2,00 €

Teniendo en cuenta estos indicadores, durante una consulta de 35 minutos, este veterinario deberá facturar al menos 66,15 € para cubrir los gastos y obtener un margen de ganancia aceptable o visto desde el punto de vista del Indicador de ingreso medio por cliente activo, este deberá ser superior o igual a 66,15 € por consulta al año. Como anotación, debemos puntualizar que el minuto veterinario pudiera ser superior, ya que no podemos pretender que un equipo veterinario facture de esta manera con un salario bruto tan bajo.

Por lo general los propietarios adelantan sus beneficios y disponen de estos a manera de salario mensualmente, y es por ello que debemos tener sumo cuidado de no afectar la tesorería del centro. Las clínicas veterinarias que disponen de menos clientes activos, deben incrementar la facturación media y de esta manera podrán mantener un nivel de ingresos aceptables, pese a esto, debemos velar por el flujo de la tesorería, el cual sería equivalente "al sistema circulatorio" de nuestra clínica, si no disponemos de suficiente volemia, el organismo se afectará totalmente.

Tabla # 13 Relación clientes activos por veterinario y su facturación media necesaria.

Clientes activos necesarios	Facturación media necesaria por cliente(€)
750	270 - 290
600	300 - 370
450	450 - 500
300	700 - 750
165	1.000 - 1.300

Potenciación del gasto por cliente en nuestro centro

Una vez que el cliente visita y entra en nuestras instalaciones, debemos sacarle el mejor partido y es por ello que debemos elaborar servicios, programas, productos a la medida para cada grupo o segmento de clientes tipos y por supuesto todo esto irá en función del pensamiento estratégico del centro. Para ello, será necesario comenzar a aplicar el marketing orientado al cliente. A continuación mostramos una serie de elementos a tener en cuenta y que permitirán potenciar el gasto medio por cliente:

Debemos diseñar el centro para vender beneficios y oportunidades.

Deberemos estructurar y diseñar los entornos comunes y donde acceden los clientes (tiendas, peluquerías, consultas, sala de espera y recepción) con propuestas atractivas, nuevas, frescas y cambiantes de merchandising.

Nunca le debemos vender directamente productos al cliente ya que en sí, no es lo que busca, si no sus atributos y es por ello que debemos resaltarlos con ilustraciones, texto y mensajes.

Educar al cliente es una inversión segura.

Mientras más conocimientos tenga un cliente sobre las enfermedades de su mascota y sobre los productos útiles para su salud, así como su aplicabilidad, más consciente y seguro estará al invertir en su bienestar.

El arte de saber vender.

Para ello, será necesario aprender y desarrollar técnicas de ventas oportunas que van desde la **detección o creación de la necesidad**, aprender a removerlo de **su estado de acomodamiento**, comprometerlo y por último **crear un cierre de las ventas**, para esto existen métodos y técnicas apropiadas. Sin duda alguna, debemos formar a nuestros empleados en el arte de las ventas.

Preparación de ofertas irresistibles.

Estás deberán ser una oportunidad única y diferente a las ofertadas en su entorno, para potenciar que se lleven a efecto será necesario limitar el tiempo (hasta el día X) o las unidades (25 unidades hasta fin de existencia) y ello permitirá acelerar la toma de decisiones, será necesario crear, innovar y en ocasiones renunciar a los altos márgenes comerciales.

Venta de servicios cruzados.

A un cliente que consume una cantidad determinada, le ofertamos un descuento en otro servicio o producto de baja rotación y de esa manera estimulamos su consumo.

Valor esperado vs valor añadido.

Muchos clientes al comprar un producto y recibir algo adicional que no esperaban, han incrementado notablemente su nivel de satisfacción y ello constituye un precedente importante para un posterior y sistemático consumo.

Estrategias de consumo sistemático.

Para ello, será necesario ofertar planes de salud y/o igualas que permitan por un precio módico recibir otros beneficios tangibles en el centro.

La importancia de cobrar adecuadamente. Política de descuentos.

Una venta o un servicio veterinario que nunca se cobra es una fuente de problemas o gastos mantenidos en el tiempo. Las políticas de descuentos deben **centralizarse y preverse** en el plan de marketing y en los casos que no dispongamos de esta herramienta, al menos debemos saber que un descuento debe estar respaldado con un incremento en el número de unidades(o servicios) vendidas, que nos permitirán atenuar la perdidas en el margen de beneficios, que hemos aplicado con dicho descuento.

> Ej. si vendemos 100 unidades al año (10,00 € / unidad) con un margen de beneficio del 20%(2,00 €), obtendríamos anualmente 200,00 € de beneficios por la venta de dicho producto. Si aplicáramos un descuento del 10% sobre el precio, estaríamos renunciando a la mitad del beneficio habitual que obtenemos, por lo que tendríamos que vender el doble o más de las unidades, para alcanzar el mismo beneficio. Viendo esto, se reafirma que cada descuento debe estar respaldado con un incremento X en el número de unidades vendidas, sino es así ¿con qué objetivo realizaríamos tal generoso descuento?

Otro problema frecuente que encontramos en las clínicas, es que existe un porcentaje de clientes que no pagan al momento. Debemos tratar de minimizar el impacto económico de los impagos o los pagos atrasados y sobre todo, tener mucho cuidado para evitar caer en la quiebra por falta de liquidez. Para ello debemos implantar en el servicio barreras que impidan a los clientes no pagar.

Bajo ningún concepto recomendamos utilizar los fondos del centro como fuente de financiación de los clientes, siendo esto un error demasiado común. Con un adecuado protocolo de cobros y negociación de presupuestos para servicios altamente facturables, se evitan problemas de impagos.

Nunca realizaremos un procedimiento clínico a un paciente hasta que no obtengamos un consentimiento firmado del compromiso de pago y el abono de al menos el 50% de la facturación negociada, solo en el caso de urgencias donde peligra la vida del animal, se justifica una acción veterinaria no remunerada, pero inmediatamente se procederá a su cobro.

Recomendamos siempre que se pueda, exigir el pago de una parte del precio final antes de comenzar a trabajar y por lo menos con esto cubriremos los costes del procedimiento.

En el caso de compras o servicios de cuantías considerables, investigar el historial de ese cliente en nuestra base de datos y llegar incluso a solicitar avales o seguros de crédito. **La oferta de financiación bancaria o seguros veterinarios,** son opciones que debemos tener disponibles para los clientes ya que los bancos y las aseguradoras son entidades económicas con suficiente liquidez monetaria y mecanismos de cobros, que ante un problema financiero del cliente, estas saben qué hacer y cómo actuar. De esta manera evitamos problemas y disgustos innecesarios.

El Merchandising aplicado en la clínica.

El término merchandising es un vocablo anglosajón y al igual que en otras traducciones de palabras de origen inglés, con terminación del sufijo ing, (marketing y branding) lleva implícita la idea de acción del movimiento y comúnmente no encontramos una palabra similar en el vocabulario español que represente este término. Se podría decir que el merchandising, en una clínica veterinaria, es el movimiento de la mercancía o los servicios hacia el consumidor en el punto de ventas.

El merchandising consiste en un conjunto de **técnicas que contribuyen a potenciar las ventas y la rentabilidad** de las clínicas veterinarias y sus áreas comerciales, especialmente de las que funcionan en la modalidad de libre servicio en las tiendas de productos y complementos. Se basa en el hecho de que el local o punto de venta, es un centro de comunicación y diferenciación de la competencia en sí mismo, ya que cada cliente está sometido a un amplio número de estímulos y mensajes indirectos.

Implementar el merchandising conlleva tomar decisiones sobre el aspecto externo del local (fachada, escaparate, rótulos exteriores o la puerta entre otros) o la forma en que se colocan los productos (altura en los estantes, cercanía a las cajas registradoras o proximidad de unas secciones a otras), lo que potencia la venta de unos productos frente a otros. También influyen la decoración, la forma de ocupar el espacio y la publicidad en la clínica veterinaria y a su vez determina la circulación del cliente por el establecimiento y su confort en la manera de captar su atención.

El merchandising por lo tanto, es un **lenguaje comunicativo** de nuestra clínica con el cliente, que emplea todos los recursos disponibles ya sean estéticos, estructurales, de espacio, colores, formas y elementos expresivos para que el cliente centre su atención en los aspectos tangibles, por lo tanto, su objetivo fundamental es influir sobre los aspectos psicológicos del clientes para que este consuma nuestros servicios y a su vez se sienta satisfecho por ello. Una clínica veterinaria que desee incrementar la facturación por clientes debe aplicar todas las herramientas de merchandising disponibles a su alcance.

"Cuando alguien, que de verdad necesita algo, lo encuentra, no es la casualidad quien lo procura, sino el mismo. Su propio deseo y su propia necesidad le conducen a ello"

Hermann Hess

RESUMEN

En este capítulo, hemos aprendido a determinar el punto de equilibrio así como calcular cuánto dinero debe facturarse por cliente activo para que una clínica veterinaria sea sostenible y no tenga pérdidas.

Se exponen indicadores de referencia, los cuales permiten autoevaluar nuestro centro e implementar objetivos alcanzables.

Aprendimos a calcular el ingreso medio por transacción o ticket, el ingreso medio por cliente activo y se enuncian acciones para estimular la facturación media por cliente en un centro veterinario.

CONCLUSIONES

El cliente que visita nuestra clínica veterinaria tiene características totalmente diferentes a los clientes comunes de otras formas de negocio. El mero hecho de preocuparse por la salud, la nutrición o la estética de su mascota lo hace humanamente especial y a él nos debemos, por lo tanto, reconozcamos que los clientes y sus mascotas son el motivo principal por el que surgen, se crean y se sostienen las clínicas veterinarias.

El disponer de una cartera de clientes nos brinda la posibilidad de implementar un cúmulo de acciones que debidamente gestionadas incrementan nuestra facturación y sostenibilidad en el tiempo.

Hemos querido transmitir con este texto un grupo de conocimientos elementales, así como herramientas y métodos novedosos aplicados en otras formas de negocios y que resultan en instrumentos de trabajo muy efectivo para las clínicas veterinarias modernas.

Durante el texto hemos expuesto metodológicamente por primera vez y en idioma español, los indicadores esenciales que nos permiten controlar la gestión de la cartera de clientes así como acciones generales y especificas aplicables en cualquier centro o forma de negocio veterinario.

BIBLIOGRAFÍA

- Alves M. C., Matos M. R., Reichmann M. L., Domínguez M. H. (2005). Estimation of the dog and cat population in the State of São Paulo. Rev. Saude Publica vol. 39. Pages: 891 - 897.
- Barrios G., Verrier O. (2013) Gestión de la cartera de clientes en las clínicas veterinarias (I). Rev. Argos. N^0. 144.
- Barrios G., Verrier O. (2013) Gestión de la cartera de clientes en las clínicas veterinarias (II). Rev. Argos. N^0. 145.
- Barrios G., Verrier O. (2013) Gestión de la cartera de clientes en las clínicas veterinarias (III). Rev. Argos. N^0. 146.
- Beran G.W, Frith M. (1988). Domestic animal rabies control: an overview. Journal Infect Disease, vol. 10 Issue: 4 Pages: 672 -677.
- Blanchard K., Bowles, S. (2006) Clientes incondicionales. Un enfoque revolucionario para la atención al cliente. Traducción Gisela Mercado. Bogotá: Editorial Norma. Pág.1 - 120.
- Botella J. M. (2010) Curso de salidas profesionales. Facultad de Veterinaria, Universidad de Córdoba. Consultado en [http://www.uco.es/veterinaria/principal/normas-documentos/documentos/cursos/salidas-profesionales/sesion-4/3.-fidelizacion-de-clientes-quien-se-va.pdf].
- Brooks R. (1990) Survey of the dog population of Zimbabwe and its level of rabies vaccination. Journal Vet Rec, vol. 127. Pages. 592 - 596.
- Camara D, Sanz M. G. (2001) Dirección de ventas: vender y fidelizar en el nuevo milenio. Editorial Pearson Educación. Pág. 120 - 430.
- Caron N. (2009) Vender a clientes difíciles: las claves de la persuasión. Editorial Pirámide. Pág. 280 - 356.
- Carrasco S. F. (2012) Atención al cliente en el proceso comercial.

Editorial Ediciones Paraninfo S. A. Pág. 1 - 100.

- Chiesa C. (2007) Vender es mucho más: secretos de la fidelización en la venta. Editorial Empresa Activa. Pág. 80 - 160.
- Chiesa de Negri C. (2009) CMR: Las cinco pirámides del marketing relacional. Editorial. Deusto S.A. Ediciones. Pág. 180 - 245.
- Cliff A., Kania D., Yaeckel B. (2001) One to one, web marketing: build a relationship marketing strategy one costumer at a time. Editorial John Wiley & Sons INC. Pages 120 - 260.
- Cuesta F. (2012) Gestión de la cartera de clientes. Editorial Cámara de comercio. Pág.1-140.
- De Balogh K. K., Wandeler A. I., Meslin F. X. (1993). A dog ecology study in an urban and a semi-rural area of Zambia. Onderstepoort Journal Vet Rec. vol. 60. Pages 437 - 443.
- Engelmann D., Hollard G. (2010) Reconsidering the effect of market experience on the "Endowment Effect". Journal Econometric, vol. 78 Issue: 6. Pages 2005 - 2019.
- Garcia E. (2007) Marketing novel therapies Source: veterinary clinics of north america-small animal practice, vol. 38 Issue: 1 Pages: 1-193.
- Gosende J.G. (2011) Marketing con redes sociales. Editorial Anaya. Pág. 50 - 280.
- Guadix J. M., Ibáñez N., Muñuzuri J., Cortés P. (2005) Estudio de la fidelidad de clientes aplicado al sector hotelero. IX congreso de ingeniería de organización. Gijón, 8 y 9 de septiembre de 2005.
- Jonckheer-Sheehy V., Endenburg N. (2009) Research reveals a market for a veterinary behaviour clinic. Source: Tijdschrift voor diergeneeskunde, vol. 134 Issue: 21 Pages 890 - 892.

- Karen K. C., Kopcha M. (2007) Comunicación entre veterinario y cliente: técnicas para un diálogo correcto y toma de decisiones conjunta. Elsevier, Vet Clin Small Anim, vol. 37. Pág. 37 - 47.
- Lowell A., Kurt A. O. (2007) Blackwell´s five minute veterinary practice management consult. Edit. Blackwell publishing professional. Page 78 - 79.
- Martínez R. y Martínez V. (2004) Gestión de la clientela. La manera de conseguir y retener clientes rentables. ESIC Editorial. Pág.11 - 83.
- Mérida I. I. (2012) Gestión de centros clínicos veterinarios. SERVET. España.
- Mohammed R. (2006) El arte del precio: descubra los beneficios ocultos que harán crecer su negocio. Editorial Empresa Activa. Pág. 80 - 220.
- Morales M. A., Varas C., Ibarra L. (2009) Caracterización demográfica de la población de perros de Viña del Mar. Chile, Journal Arch Med Vet, vol. 41. Pág. 89-95.
- Philip K. (2003) Los 80 conceptos esenciales del marketing de la A a la Z. Pearson Educación S.A. Pág. 8 - 9.
- Prats P. D. (2005) Métodos para medir la satisfacción del cliente. Editorial Aenor. Asociación Española de Normalización y Certificación. Pág. 10 - 50.
- Ramón R., Mercade P. (2007) VMS (Veterinary Management Studies). Revista ARGOS. Número 90. Pág. 6 - 7.
- Redondo E. U., Vidales J.C. (2007) La venta consultiva: como crear una relación de confianza con el cliente. Editorial Pirámide. Pág. 20 - 110.
- Rivas A. (2002) Comportamiento del consumidor. Esic Editorial. 2000.

- Rubio E. N. (2007) El vendedor excelente: manual de técnicas de venta para el éxito. Editorial Paidos Ibérica. Pág. 50 - 290.
- Salgado R. P. (2012) "Prospectar para ganar" Consultado en: [http://vendedores.wordpress.com/2007/12/11/prospectar-para -ganar/].
- Stinnett B. (2007) Piense como su cliente: una estrategia para incrementar las ventas al entender cómo y por qué compran los clientes. Editorial Ediciones Gestión. Pág. 50 - 190.
- Store J. D. (2001) Haga perfecta la clínica veterinaria. Argos número 25. Pág. 4 - 6.
- Swett O. M. (2012). El arte de vender: La primera visita. "El arte de vender, cómo dominar las claves psicológicas y secretos del comercio. Consultado en [http://www.ganaropciones.com/la-primera-visita.htm].
- Valcárcel I. G. (2002) CRM: Gestión de la relación con los clientes. F. C. Editorial. Pág. 437 - 443.
- Ventura J. (2003) El cliente tipo de un centro veterinario. Revista Argos, número 46. Pág. 46.
- Villagrasa M. F. (2009) El 53% de los veterinarios no están satisfechos con su sueldo. Consultado en: [http://argos.portalveterinaria.com/noticia/2464/ARTICULOS-ARCHIVO/El-53-de-los-veterinarios-no-estan-satisfechos-con-su-sueldo.html].
- Villaluenga J. L. (2008). La fidelización del cliente en la clínica veterinaria (I) Consultado en: [http://www.acalanthis.es/ doc/fidelizacion2.pdf].

www.ingramcontent.com/pod-product-compliance
Ingram Content Group UK Ltd.
Pitfield, Milton Keynes, MK11 3LW, UK
UKHW061701190726
13853UKWH00008B/2339